펫츠GO! 댕댕트립

댕댕이들과 해외여행하는 로망!

SBS plus 〈펫츠고! 댕댕트립〉 제작팀 지음

도서출판 좋은PR

댕댕이들과 해외여행하는 로망!
펫츠GO! 댕댕트립

초 판 1쇄 발행 2019년 5월 3일

지은이	〈펫츠고! 댕댕트립〉 제작팀
펴낸이	이옥겸
콘텐츠사업팀	하다솜
디자인팀	박혜옥, 조혜린, 김그리나

펴낸곳	도서출판 좋은피알
등록번호	제2018-000029호
주 소	서울시 중구 수표로 45 을지비즈센터 705호
전 화	070.4616.4040~3
팩 스	0505.898.1010
이메일	master@soyapr.com
홈페이지	www.soyapr.com

ISBN	979-11-964016-8-9
가 격	15,000원

＊잘못된 책은 바꾸어 드립니다.
＊이 출판물은 저작권법에 의해 보호를 받는 저작물이므로 무단전재와 무단 복제를 할 수 없습니다.

댕댕이들과 해외여행하는 로망!

펫츠GO!
댕댕트립

SBS Plus 〈펫츠고! 댕댕트립〉 제작팀 지음

도서출판 좋은PR

프롤로그

반려견과의 여행?
과연 가능할까요?

많은 반려인들은 망설입니다. 현실적으로 준비해야 할 것도 많고, 반려견 동반 여행에 대한 의견도 분분하거든요.

시간과 노력을 들여 차분하게 준비해 보자고 생각해도, 막상 시작해 보려고 하면 여행이 과연 누구를 위한 것일까? 의문이 들기도 해요. 내가 여행을 가고 싶다는 욕심에 사랑하는 댕댕이를 고생시키는 건 아닐까? 이렇게까지 해서 가야 하나? 하는 죄책감 같은 것이 올라오기도 합니다.

사실 정답은 없어요. 개인의 삶은 결국 자신이 선택하는 것이잖아요. 누구의 선택이 옳고 그르다는 기준을 함부로 제시하는 건 위험한 일이지요. 그래서 우리도 반려견 동반 여행에 대해 맞다, 틀리다 이런 이야기를 하고 싶지는 않아요.

하지만 여기 용기를 낸 사람들이 있습니다. 함께 사는 반려견이 "나의 가족"이라고 굳게 믿는 사람들이죠. 가족이라면 어디든 함께 갈 수 있어야 하고, 무엇이든 함께 하고 싶은 거 당연한 일이에요.

사람들이 여행을 하는 이유는 뭘까요? 그 답은 다들 알아요. 여행을 통해 우리는 일상의 피로를 날리고 휴식을 통해 힐링해요. 그리고 새로운 경험으로 삶에 생기를 불어넣죠. 많은 것을 배우고 깨닫기도 하구요.

댕댕트립을 통해 여행을 떠난 이 책의 주인공들은 많은 고민 끝에 단순한 마음으로 여행을 결심했어요. 우리 인생에서 여행이 주는 기쁨이 있다면, 그것을 내 가족인 반려견과 함께 느끼지 못할 이유가 없다고 말이에요. 그리고 실제로 여행 기간 말로 다 할 수 없는 많은 기쁨과 행복을 느끼고 돌아왔답니다.

지금부터 그 이야기를 여러분과 함께 나누어 볼게요.

목차

프롤로그 · 4

PART 1
댕댕트립 떠나기 전 준비
여행 준비

🐾 댕댕트립 떠나기 전 준비사항 A-Z 완전정복 · 14
1. 필수 서류 사전 준비
2. 항공편 예약 관련
3. 탑승 전 검역 절차
4. 탑승일 당일에는?
5. 반려견 비행기 탑승 관련 규정
6. 비행기 탑승 전 참고사항
7. 한국으로 돌아올 때

🐾 미국 공항별 펫 구역 안내 · 18
- 뉴욕 – JFK 국제공항
- LA – LA 국제공항
- 시애틀 – 시애틀 터코마 국제공항

🐾 마누의 여행 준비 · 20

문정희&마누 여행
시애틀&포틀랜드

- 🐾 캐넌 비치(in 포틀랜드)&도그쇼 참가 · 24
- 🐾 스모킨 오크 · 32
- 🐾 파머스 마켓(in 포틀랜드) · 36
- 🐾 숙소 정보 – 포틀랜드 · 42
- 🐾 로렐 허스트 공원 · 46
- 🐾 포틀랜드 동물 보호소 · 52
- 🐾 포틀랜드 힙하운드 펫샵 · 58
- 🐾 포틀랜드의 명물, 바이크 맥주 투어 · 64
- 🐾 시애틀 동물 마사지 학교 · 68
- 🐾 수상 경비행기 시티투어 · 72
- 🐾 놈스 이터리 · 76
- 🐾 시애틀 데이케어 센터 · 80

강예원&로미 여행
뉴욕

- 🐾 숙소 정보 - 뉴욕 · 86
- 🐾 브루클린 비어 브루어리 · 92
- 🐾 도미노 파크 · 94
- 🐾 매디슨 스퀘어 파크 · 98
- 🐾 윌리엄 세콜드 갤러리 · 104
- 🐾 뉴욕 쇼핑 투어 · 108
  - 뉴욕 쇼핑 투어 추천경로 1 바킹 주(펫샵) · 111
  - 뉴욕 쇼핑 투어 추천경로 2 비스티 피스트(펫샵) · 114
  - 뉴욕 쇼핑 투어 추천경로 3 아티스트 플리 · 118
- 🐾 하츠데일 펫 세메터리(반려동물 공동묘지) · 120
- 🐾 Korean K9 Rescue(유기견 구조센터) · 124
- 🐾 보리스 앤 호튼(애견카페) · 126
- 🐾 매치 65(브런치 레스토랑) · 130
- 🐾 센트럴 파크 · 132
- 🐾 케이나인 그루밍샵 · 136

샌디&컬리 여행
LA
PART 4

- 헌팅턴 도그 비치 ·142
- 숙소 정보 – LA ·146
- 저스트 푸드 포 도그 (강아지 전문 유기농 식품점) ·150
- 도그 베이커리 ·154
- 핑크스 핫도그 ·158
- 밸리 웰스 휴게소 ·162
- 레이지 도그 ·164
- 캠핑카 여행 ·170
- 서커스 서커스 호텔 캠핑장 ·174
- 고든 램지 피시 앤 칩스 ·176

- 그랜드 캐니언 ·180
  - 그랜드 캐니언 캠핑장 ·180
  - 그랜드 캐니언 일출 마더 포인트 ·182
  - 그랜드 캐니언 오리바위 ·186
- 버드하우스 ·188
- 방울뱀 계곡 ·192
- 홀스슈 밴드 ·196
- 페이지 캠핑장 ·200
- 빅 존스 텍사스 비비큐 ·202
- 메모리 그로브 파크 ·204
- 펫스마트 ·207
- 솔트레이크시티 동물병원 ·209

제작진 이야기 ·211

댕댕맘 소개

문정희

연기, 인성, 의리 모든 것을 갖춘
충무로의 대표적인 열정 아이콘!
팔방미인 카리스마 여배우이지만
반려견 마누와 함께하면
카리스마 따위 다 집어던지고
마누 바보가 되는 댕댕맘.

댕댕이 소개

마누

나이	1살
품종	골든 리트리버
특징	(문정희 포함) 여성 팬 다수 확보

`댕댕맘 소개`

강예원

영화, 드라마, 예능까지 매력적인 캐릭터로 완전히 접수한 배우.
엉뚱발랄 러블리 그녀지만 그녀를 능가하는 엉뚱발랄 러블리 댕댕이가 있으니…바로 로미

`댕댕이 소개`

로미 ♀

- **나이** 3살
- **품종** 패키니즈
- **특징** 뉴요커 댕댕이 등극 예정

`댕댕이 소개`

샌디 ♀ / 컬리 ♂ / 하비 ♂

- **나이** 3살 / 1살 / 4살
- **품종** 코커 스패니얼 / 코커 스패니얼 / 닥스훈트
- **특징** 한국 강아지 샌디&컬리와 미국 강아지 하비가 만났다. 세 댕댕이의 좌충우돌 미국 여행기, 기대해주세요!

PART 1

여행 준비

댕댕트립 떠나기 전 준비

🐾 댕댕트립 떠나기 전 준비사항 A-Z 완전정복

1. 필수 서류 사전 준비
2. 항공편 예약 관련
3. 탑승 전 검역 절차
4. 탑승일 당일에는?
5. 반려견 비행기 탑승 관련 규정
6. 비행기 탑승 전 참고사항
7. 한국으로 돌아올 때

🐾 미국 공항별 펫 구역 안내

- 뉴욕 - JFK 국제공항
- LA - LA 국제공항
- 시애틀 - 시애틀 터코마 국제공항

🐾 마누의 여행 준비

댕댕트립 떠나기 전
준비사항 A-Z 완전정복

사랑하는 댕댕이와의 여행, 떠나보기로 마음먹으셨나요? 그렇다면 이미 반은 성공한 거죠! 용기를 내는 것에서부터 행복한 여행이 시작되거든요. 행복한 여행을 꿈꾸는 댕댕가족을 위해, 준비 단계부터 챙겨야 할 것을 세세히 알려드릴게요!

우선 여행을 계획한 후 준비해야 할 사항들부터 챙겨볼게요. 다음 다섯 가지 사항을 먼저 준비해야 해요.

한국-미국 출/입국 시 필수 준비사항 5종 세트	
1) 건강진단서	동물병원에서 발급 가능하며, 발급 일자는 출국일 기준 10일 이내
2) 광견병 예방 접종 증명서	동물병원에서 발급 가능하며, 증명서 유효기간은 여행 기간 포함하여 1년 이내만 인정
3) 광견병 중화 항체 검사지	• 항체 검사 후 0.5 IU/㎖ 이상 합격, 2년 이내 시행한 검사만 유효 • 항체 검사 가능한 곳은 (세계 동물 보건기구 OIE 인증받은 기관) ❶ **정부기관** : 농림축산검역본부 (1~2주 소요) ❷ **사설기관** : 코미팜(경기), 고려비엔피(충남), 중앙백신연구소(대전) (4일 소요)
4) 마이크로칩	반려동물만의 고유 개체 번호(주민등록번호, 여권번호 같은)와 견주의 개인정보가 기록되어 있으며 리더기로 인식할 수 있음. 동물병원에서 이식 가능
5) 대한민국 검역증명서	1) ~ 4)까지 사항을 모두 갖춘 후에 공항 검역소에서 발급

🐾 주의사항

1) 건강진단서와 광견병 예방접종 증명서는 합쳐서 한 장의 서류로 발급 가능함
2) 항체 검사에 소요되는 시간을 감안할 때 광견병 예방접종은 최소 출국 한 달 전 실시해야 함
3) 모든 문서는 출입국 시 **원본 문서**로 필요함(사본 불가).

  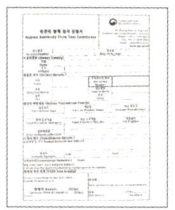

예방접종 및 건강증명서   광견병 항체 검사 증명서

1 필수 서류 사전 준비

먼저 아래 순서대로 필수 서류를 준비하세요. 이미 마이크로칩 이식을 해 놓은 반려견이거나, 광견병 예방 접종을 최근에 완료한 반려견의 경우에는 다시 한번 확인해 보시구요. 특히 광견병 예방 접종은 접종 여부도 중요하지만, 증명서 발급도 필수에요. 순서대로 확인해 볼까요?

🐾 필수 서류 세부 과정(순서)

1) 동물병원에서 광견병 예방 접종하기 / 마이크로칩 이식하기
2) (광견병 예방 접종 3~4주 이후에) 동물병원에서 광견병 중화 항체 검사하기
3) 항체 검사 기관으로 2)번의 검사 샘플 보내기 (정부기관 or 사설기관)
4) 검사 결과를 동물병원으로 보내 광견병 중화 항체 검사지 발급받기
5) 건강진단서와 광견병 예방접종 증명서 발급받기

※중요!
출국일 10일 이내 서류만 유효하므로, 반드시 출국 일자 확인 후 동물병원에 요청해 발급받을 것!

2 항공편 예약 관련

🐾 항공편 예약 전 반려동물 탑승 항공기인지 확인하세요.

● 항공편 예약 → 항공사에 애완동물 탑승 신고

※주의!
항공기마다 애완동물 수용 최대 수가 다르기 때문에 항공편 예약 후 반드시 애완동물 탑승 예약 승인을 전화로 해야 한다.
잊지 마세요!

3 탑승 전 검역 절차

🐾 **동물검역소에 방문 검역 신청**
*검역소: 농림축산검역본부, 인천공항동물검역소, 김포공항검역소
(평일 09:00 ~ 18:00)

🐾 **검역소에 방문해 준비된 서류를 제출하고 임상검사를 한 후에 검역 증명서가 발급됨 : 약 30분 내외 소요**
*검역 수수료 10,000원 (2018년 10월 기준)

※주의!
출국 직전 공항 검역소에서도 가능하나, 당일 출국 동물이 많을 경우 대기시간이 길어질 수 있으므로 사전에 검역 완료하는 것을 추천해요. 출국일 기준 1주일 전부터 검역이 가능하며, 사전 검역은 출국 공항과 무관하게 위의 세 군데 검역소 어느 곳에서도 받을 수 있거든요. 출국 당일 여유 있게 여행을 시작하는 팁이 될 수 있어요.

4 탑승일 당일에는?

🐾 체크인 카운터에서 "반려동물 운송 서약서"와 발급받은 "검역증명서" 제출(기내, 수하물 모두 해당)

🐾 체크인 카운터에서 반려견 포함 케이지 무게 측정

🐾 반려견 수하물 요금 결제 완료 후 견주의 탑승권이 발행됨

5 반려견 비행기 탑승 관련 규정

🐾 **기내 탑승 규정**
- 케이지와 강아지 무게를 합쳐 7kg 이하일 경우 기내 탑승 가능
- 케이지의 규격은 가로*세로*높이의 합이 115cm 이하
- 케이지는 소프트 케이지도 가능하나 가죽 혹은 천 재질로 케이지의 형태가 잡혀있어야 함

🐾 반려견 수하물 운송 규정
- 케이지와 강아지 무게를 합쳐 45kg 이하
- 케이지의 규격은 가로*세로*높이의 합이 285cm 이하
- 케이지는 안에서 강아지가 자유롭게 움직일 수 있어야 하며 금속, 목재, 플라스틱 등의 견고한 재질이어야 함

🐾 반려동물 운송 요금 (기내탑승, 수하물 동일, 2018년 기준)
- 케이지 포함 32kg까지 200,000원
- 케이지 포함 32kg~45kg 400,000원

6. 비행기 탑승 전 참고사항

1) 탑승 하루 전부터 금식 및 절식 권고 : 비행 중 구토 및 배변 방지
2) 탑승 시 케이지 안에 물을 넣어 주어 탈수 방지
3) 탑승 직전 공항 인근에서 가벼운 산책으로 긴장을 풀어주고 배변을 유도
4) 케이지가 익숙하지 않은 강아지의 경우 여행 전 충분히 수 주간의 시간을 두고 케이지에 적응훈련을 시켜줌

7. 한국으로 돌아올 때

1) 해외 공항에서 귀국 비행기 탑승권 발권 시 반려견 탑승수속 및 요금 결제
2) 인천공항 도착 후 입국장에서 다시 검역을 받아야 함
   인천공항 입국장 동식물 검역실 위치
   - 1터미널 : 세관 나가기 전 짐 찾는 곳
     4, 5, 15, 19 캐롯셀(수하물 컨베이어벨트) 옆 (032-740-2671)
   - 2터미널 : 세관 나가기 전 짐 찾는 곳
     1, 10 캐롯셀 옆 (032-740-2021)
3) 검역실에서 광견병 중화항체 검사지와 출국 시 한국에서 발부받은 검역 증명서 제출
4) 완료 후 집으로!

미국 공항별 펫구역 안내

뉴욕 - 존 F. 케네디 국제공항

주소　Queens, NY 11430
연락처　+1 718-244-4444
웹사이트　www.jfkairport.com/

🐾 PET RELIEF AREA

- 출국장 GATE 4번 앞에 위치
- 작은 잔디밭. 배변 봉투와 쓰레기통이 마련돼 있음

LA - LA 국제공항

주소　Los Angeles International Airport 1 World Way Los Angeles, CA 90045
연락처　+1 855-463-5252
웹사이트　www.flylax.com/en/lax-guides-tips-and-amenities

🐾 PET AREA

- 공항에 입장하고 보안 검색을 마치면 애완동물 구호 구역을 사용할 수 있다. 총 3개의 야외 구역과 8개의 실내 구역이 있다.
- 모든 구역은 인공 잔디, 소화전, 개 폐물 처리장, 물이 있다.

시애틀 - 시애틀 터코마 국제공항

주소 17801 International Blvd, Seattle, WA 98158 미국
연락처 +1 206-787-5388
웹사이트 www.portseattle.org/sea-tac

🐾 **GATE 2 PET AREA**

🐾 **GATE 26 PET AREA**

- 배변 봉투와 쓰레기통이 마련돼 있음
- 2018년 10월 현재 공사 중으로 이용이 다소 불편할 수 있음

뉴욕공항 - 예원엄마와 로미

LA공항 - 할리패밀리와 샌디&컬리

시애틀공항 - 정희엄마와 마누

 마누의 여행 준비

마누의 견생 첫 해외여행! 떠나기로 한 날부터 정희엄마 마음은 설렘으로 두근두근~ 동시에 걱정도 되었어요. 사람도 해외여행 떠나려면 준비할 게 많잖아요. 하지만 여행을 준비하는 것이 여행의 시작! 그럼 하나씩 차분하게 챙겨볼까요?

D-14 케이지 적응하기

장시간 비행을 위한 필수 코스! 케이지에서 잠도 자고 편안하게 있을 수 있도록 미리 훈련을 시켜요.

D-7 동물병원 방문

출국을 위한 서류 준비도 해야 하구요, 어디 불편하거나 아픈 곳은 없는지 건강상태도 체크해 보아요.

D-3 그루밍

여행이 다가오니 더욱 커지는 설레는 마음~ 털 관리도 하고 꽃단장해요.

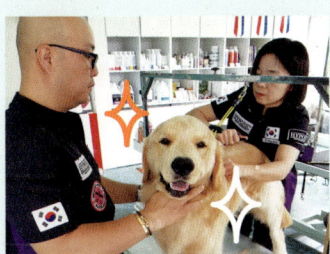

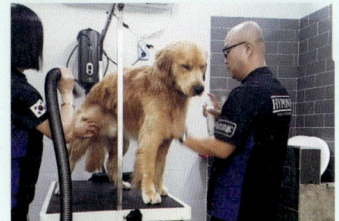

〈그루밍샵 정보〉

🐾 **그루밍 캐나다**

📍 **주소** 경기 고양시 일산동구 강촌로 26번길 7-1

☎ **전화번호** 031-902-6122

⏱ **영업시간** 매일 10:00~20:00 연중무휴

D-1 짐 싸기

빼먹은 건 없는지 꼼꼼히 확인하기. 여행 짐 싸는 시간이 제일 신나죠!

✨ D-day! ✨

가자 마누야! 출발~ ✈

PART 2

시애틀 &
포틀랜드

문정희&마누 여행

문정희&마누 여행 루트

포틀랜드   시애틀
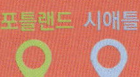

캐넌 비치 & 도그쇼 참가 — 24

스모킨 오크 — 32

파머스 마켓 — 36

포틀랜드 숙소 — 42

포틀랜드의 명물, 바이크 맥주 투어 — 64

포틀랜드 힙하운드 펫샵 — 58

포틀랜드 동물 보호소 — 52

로렐 허스트 공원 — 46

시애틀 동물 마사지 학교 — 68

수상 경비행기 시티투어 — 72

놈스 이터리 — 76

시애틀 데이케어 센터 — 80

캐넌 비치(in 포틀랜드)
& 도그쇼 참가

🐾 CANNON BEACH

📍 **주소** 148 W Gower Ave, Cannon Beach, OR 97110 미국

☎ **전화번호** +1 866-854-7023

CANNON BEACH(캐넌 비치)는 포틀랜드에서 2시간 정도 떨어진 미국 오리건주의 해변입니다. 미국인들에게도 손꼽히는 절경의 바닷가라고 하네요. 포틀랜드 여행 첫날 아침부터 마누와 함께 이곳을 찾은 이유는 해변에서 열리는 도그쇼 참가를 위해서였어요.

이 아름다운 해변에서는 매년 10월경 〈DOG ON THE BEACH〉라는 축제가 열립니다. 해마다 찾아와 참가하는 사람이 있을 만큼 미국 반려견과 견주들에게는 유명한 행사랍니다. 이 행사를 주최하는 곳은 캐넌 비치에 위치한 펫 프렌들리 리조트인 SURFSAND RESORT라는 곳이에요.

SURFSAND RESORT는 그곳에 숙박하는 여행객들뿐만이 아니라, 캐넌 비치를 찾은 반려견과 애견인 모두를 위한 배려가 있는 고마운 리조트입니다. 로비에는 강아지를 위한 물통과 간식이 항상 준비되어 있고, 해변 산책 후 사용할 수 있는 반려견 전용 샤워기&수건을 마련해 놓았어요.

SURFSAND RESORT
- 주소 148 W Gower Ave, Cannon Beach, OR 97110 미국
- 전화번호 +1 866-854-7023

마누가 Show dog 출신이기 때문에 많은 기대를 안고 간 마누 가족. 쇼독이란 도그쇼에 출전하는 개를 말합니다. 보통 한국에서 도그쇼라고 하면 국내외 애견연맹에서 주최하는 화려하고 엄격한 기준의 대회가 떠오르기 마련이에요. 혈통서와 전문 핸들러, 브리더 등의 단어가 떠오르죠. 각 견종의 외모, 자질, 품성 등 모든 것을 종합하여 이상적인 견종을 선정하는 대회이기 때문에, 애견협회나 연맹에서 주최하는 큰 도그쇼에 출전하기 위해서는 자격도 까다롭고 비용도 상당히 많이 든다고 합니다.

그런데 캐넌 비치의 도그쇼는 마누네 가족에게 약간 충격이었어요. 아름다운 해변, 평화로운 모래밭에 달랑 노끈(?)으로 경계선을 대충 쳐 놓고 사람들이 모여있었거든요. 강아지들도 쇼독이라기보다는 애완견들이 대부분이었구요. 뭐지? 이게 도그쇼인가? 그냥 동네 강아지들 모임 같은데? 심지어 참가 신청도 이름을 적어내고 10달러를 내면 끝. 모든 종목 참가 가능!(보통 도그쇼에 참가하기 위해서는 그 몇십 배에 달하는 비용이 들어요)

하지만 반전이 있었답니다. 막상 참가자들 속으로 들어가 보니 참가한 강아지와 견주들 모두가 정말로 진지했어요. 그 어떤 올림픽과 국제 대회와 견주어도 떨어지지 않는 열정과 환호의 순간들을 소개합니다!

1 마누와 도그쇼 심사위원들
2 도그쇼에 귀여운 코스튬을 입고 참가한 강아지
3 사자 코스튬을 입고 참가한 강아지

캐넌 비치에서 열린 도그쇼의 종목은 제일 예쁜 강아지, 제일 잘생긴 강아지, 악수를 제일 잘하는 강아지, 제일 잘 웃는 강아지, 못생겼지만 귀여운 강아지… 같은 것들이었어요. 견주라면 누구나 '그건 우리 댕댕이가 당연히 1등이지!'라고 생각할 수밖에 없는 종목들이죠. 마누네 가족도 마찬가지였답니다. 모든 종목에 출전해서 상을 탈 자신이 있었지만 시간관계상 아쉽게도 몇 가지를 골라야 했어요.

마누 성적표를 볼까요?

04 최고의 장난꾸러기 Best trick

 잔재주 보여주기는 평소 마누의 장기라 자신만만하게 출전했는데 막상 마누 차례가 시작되니 마누가 말을 듣지 않았어요. I'm sorry 외치며 눈물을 머금고 기권 ㅠㅠ 이건 마누가 아직 포틀랜드에 적응을 못 해서라구요.

05 너무 못생겨서 귀여운 강아지
"So ugly you're cute" dog

 우리 마누는 못생기지 않았다구요! 마누가 저길 왜 나가~ 하며 반대했지만 마누아빠가 혼자 우겨서 마누 데리고 출전. 하지만 탈락 ㅋㅋ 탈락하고도 기분 좋은 종목이었답니다!

06 최고의 악수 Best handshake

 훗 마누는 평소 손! 내밀기의 달인이었다구

07 최고의 미소 Best smile

 마누는 입이 커서 웃는 상인데… 심사위원들이 잘못 본 듯.

08 최고의 코스튬 강아지 Best costume

악어와 사자 갈기 준비해 참가했는데 다른 강아지들이 너무 준비를 많이 했어요. 마누는 정말 귀여웠다구요!

1 마누의 도그쇼 참가 이름표
2 악어 코스튬을 입은 마누
3 가장 잘생긴 강아지상 3등을 수상한 마누

캐넌 비치 도그쇼의 심사위원장으로 보이는 여자 분은 왕관을 쓰고 있었는데, 알고 보니 지역 미인대회의 우승자였어요. 우리로 치면 '미스 강릉' '미스 부산' 그런 정도 되는 거죠. 다른 심사위원들도 지역사회의 애견인들로 이뤄진 대회였죠. 한국에서 생각했던 도그쇼의 규모에 비교해 너무 조졸(?)해서 처음에 실망했던 건 사실이에요. 그렇지만 그곳에 모인 강아지들이 정말로 사랑을 많이 받고 자라는 아이들이라는 걸 느낄 수 있었어요. 정서적으로도 안정되어있고 훈련도 잘 되어있는 사랑스러운 강아지들과 가족과도 같은 소중한 반려견을 자랑하기 위해 진지하게 임하는 사람들. 많은 돈이나 스폰서, 화려한 무대가 아니라 참가하는 사람들의 마음과 태도, 정성이 진짜 축제의 내용을 만드는구나! 라는 걸 여실히 느끼는 아주 즐거운 경험이었답니다.

스모킨 오크 (SMOKIN' OAK)

SMOKIN' OAK

- **주소** 501 Columbia St, Vancouver, WA 98660 미국
- **전화번호** +1 360-433-2755
- **웹사이트** www.thesmokinoakpit.com
- **영업시간** 화수목 11:00~22:00 금토 11:00~24:00 일 11:00~21:00 / 월요일 휴무

*포틀랜드 – 워싱턴주 밴쿠버와 접점에 있는 바비큐 식당
참나무 장작을 이용해 즉석에서 구워낸 고기로 맛을 내 현지에서도 인기 있는 곳.
반려견 동반으로 가게 내부에는 들어갈 수 없으나, 야외 테라스에서 반려견과 함께 식사를 즐길 수 있다.

즐거운 한나절을 보내고 포틀랜드에도 밤이 찾아왔어요. 온종일 신나게 뛰어놀았으니 이제 체력 보충 좀 해야지 않겠어요? 오늘 저녁 메뉴는 뭘까나?
오늘 마누가족이 찾은 이곳은 포틀랜드 현지인들 사이에서 입소문 난 유명한 맛집이래요. 이곳이 유명해진 건 참나무 훈제 방식 때문인데요. 이 집만의 비법 시즈닝으로 특제 양념한 고기들을 무려 24시간 동안 구워낸다네요. 참나무 향으로 냄새는 잡아주고 촉촉한 육질은 그대로 살린 바비큐! 생각만 해도 배가 더 고파지는 거 같죠?

맛도 맛이지만 이곳의 자유분방한 분위기 또한 유명세에 한몫을 하는데요. 같이 온 사람들이 아니라도 누구나 함께 어울릴 수 있구요. 야외석에선 반려견 동반도 가능하기 때문에 정희엄마는 들어서면서부터 신이 났어요. 야외 테라스에 자리를 잡자마자 반려견을 위한 물을 갖다 주는 서비스는 기본!

오늘 저녁 식사의 메인 메뉴는 이 집에서 가장 많이 팔린다는 스테이크 플레이트입니다. 육즙이 자르르한 소고기 스테이크와 바비큐에서 빠질 수 없는 립. 그리고 통통한 수제 소시지가 한 접시 가득 나오는데요. 여기에 특제 샐러드까지 곁들이면~ 완벽한 한 상!

그리고 놀라운 건, 마누를 위한 강아지 스테이크 메뉴가 별도로 가능하다는 거예요! 식당에서 돈 주고 밥 사 먹는 강아지가 어디 흔하겠어? 마누는 포틀랜드에 가서 정말 특별한 경험을 많이 했어요! 반려인으로서 내 강아지한테 맛있는 거 먹일 때만큼 뿌듯한 일도 없죠.

마누를 위한 펫 메뉴는 소고기와 닭가슴살 스테이크인데요. 조미료를 일절 사용하지 않고 참나무 훈제로만 구워내, 강아지들에게 안심하고 먹일 수 있답니다.

식사를 하러 온 현지인 누나들! 마누를 보고 인사를 하네요. 포틀랜드 사람들은 언제 어디서나 만나는 강아지를 그냥 지나치지 못해요. 폭풍 감탄사와 함께 칭찬 연발!

대형견이 많은 포틀랜드에서도 마누는 인기 폭발이었답니다. 미국에서도 통하는 외모라며 정희엄마는 자부심 뿜뿜 마누바보 면목을 감추지 못했네요.

스모킨 오크의 펫 메뉴

반려견마다 먹을 수 있는 양이 다르죠? 펫메뉴는 고기의 양(g)에 따라 가격이 달라지니 사전에 상의 후 주문하세요.

마누 스테이크가 나오자마자 정희엄마는 먼저 먹어보았어요. 혹시 뜨거워서 마누가 놀랄까 봐 걱정이 되었거든요. 다행히 적당히 식혀 나와서 마누에게 바로 줄 수 있었어요. 맛이야 뭐 두말할 필요 없겠죠? 간이 하나도 안 되어있지만 고기 자체의 질이 좋아 대만족!
마누 반응이요? 당연히 견생 최고의 고기 먹방이었죠.

파머스 마켓(in 포틀랜드)

🐾 **FARMERS MARKET**

📍 **주소** NE Wygant St & NE 7th avenue, portland, OR 97211 미국

⏱ **영업시간** 일요일 10:00~14:00

미국 오리건주에 위치한 도시 포틀랜드, 미국에서 가장 자연 친화적인 도시 중 하나로 뽑혔다는데요. 포틀랜드에 오면 꼭 한번은 가봐야 하는 곳이 바로, 파머스 마켓입니다.

이곳에 사는 사람들이 직접 키운 농작물과 축산물 등을 자신의 이름을 걸고 판매한다고 해요. 일요일 하루, 그것도 딱 4시간만 열리는 이곳에서는 신선한 식재료뿐만 아니라 그 재료들로 만든 맛있는 음식들도 맛볼 수 있구요, 한 주 동안 궁금했던 동네 사람들의 소식을 모두 들을 수 있는 사랑방 역할도 톡톡히 한다고 합니다.

주민들로 구성된 밴드가 라이브 공연을 하면서 흥을 돋우는 것도 매우 인상적이네요.

이곳 파머스 마켓이 부러운 점은 바로, 반려견 동반입장을 환영한다는 거예요. 정말 부러운 광경이죠. 지역 주민들은 자연스럽게 반려견을 데리고 쇼핑을 한답니다.
그뿐만이 아니에요. 반려견을 위한 음수대와 물그릇이 있어 언제든지 반려견에게 신선한 물을 마실 수 있게 해 준답니다.

그리고 팁 하나. 이곳에서는 반려견을 위한 무료 시식도 할 수 있어 재미있게 쇼핑을 즐길 수 있답니다.

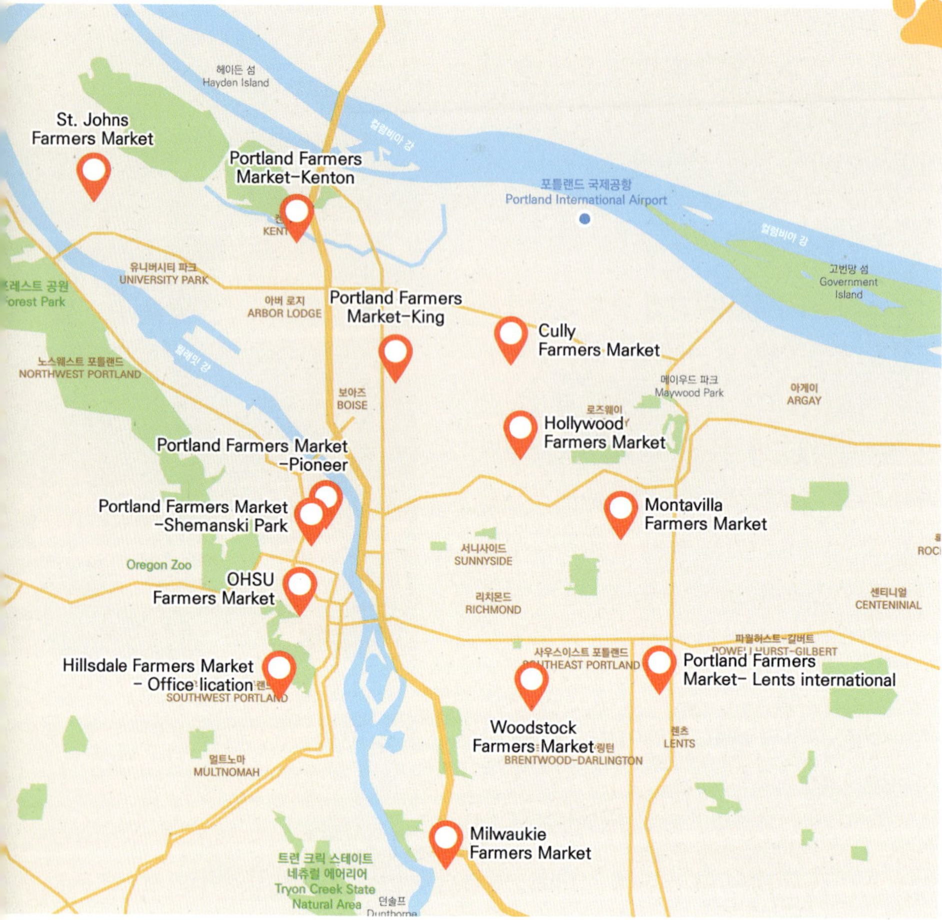

포틀랜드에는 수많은 파머스 마켓이 있습니다. 우리나라의 장터와 비슷한 곳이지요. 이곳 파머스 마켓이 지역 주민들에게 사랑을 받는 이유는 애완동물을 가족처럼 여기는 미국인들의 반려견에 대한 작은 배려가 곳곳에 묻어 있기 때문이 아닐까요?

1 파머스 마켓에는 반려견과 동반 쇼핑이 가능하다고
  알리는 입간판
2 아이가 그려준 마누
3 마누를 그리고 있는 아이

1 반려견에게 물을 주기 위한 물통과 물그릇.
2 파머스 마켓의 모습
3 파머스 마켓 길을 걷고 있는 마누네

"제가 이번 여행 중에 제일 맘에 들었던 곳 중 하나예요. 소소한 행복, 이곳은 정말 소확행이에요.
사람들이 막 꾸미고 나오는 게 아니라 집에서 대충 옷을 둘러 입고 강아지를 데리고 나와 따뜻한 라떼나 샌드위치 같은 걸 먹으면서 구경하고, 저녁에 집에서 해먹을 음식 거리를 사는 모습들… 신선한 채소들, 식재료들, 분위기 좋은 라이브 음악도 너무 따뜻했어요"

요리를 좋아하는 정희엄마는 대형마트보다 시장에서 직접 재료를 고르고 흥정하며 사는 걸 선호하거든요. 하지만 한국에서 재래시장에 마누를 데리고 갔다가 혼쭐이 난 경험이 있다고 해요. 아직 우리나라는 대형견이 많지 않고, 특히 어르신들은 식재료와 먹거리가 많은 시장에 대형견이 돌아다니는 걸 불안하게 생각하시는 분들도 많으시거든요. 이렇게 큰 개를 시장에 데려오면 안 돼요! 라는 말을 많이 들어서, 한국에서 마누와 시장에 간다는 건 상상도 못 하는 일이죠.

그런데 이렇게 마누를 반겨주는 시장이라니! 그것만으로도 너무 기쁘고 즐거웠는데, 쇼핑하면서 정희엄마는 더욱더 행복해졌답니다. 브로콜리, 토마토, 콜리플라워 등의 채소들이 어찌나 싱싱하고 먹음직한지! 포틀랜드 농부들의 수확물이 너무나 매력적이었어요. 그중에 골라서 사야 한다는 사실이 아쉬울 정도로요. 직접 구워 파는 빵도, 직접 가공해서 파는 고기와 소시지도… 할 수만 있다면 일주일 치 식재료를 몽땅 사서 한국 집에 가지고 가고 싶었다니까요.

숙소 정보 포틀랜드

여행을 준비할 때 가장 먼저 고민되는 것은 아무래도 숙소이죠. 마누같은 대형견과 함께하는 여행은 더욱 신중해져요. 미국은 한국보다 애견 동반 호텔이 좀 더 많기는 해요. 하지만 정희엄마가 선택한 숙소는 숙박 공유 사이트를 통한 곳이었어요.

숙박 공유 사이트에서 지역별 숙소를 검색할 때 애견동반 가능 여부를 체크해 보세요. 검색 옵션에서 애견동반을 선택하면 강아지와 함께 머물 수 있는 숙소 리스트가 나온답니다. 숙박 공유 사이트를 통해 찾는 숙소는 호텔과 같은 서비스가 제공되지는 않지만, 반려견 동반 여행 같은 특별한 여행의 경우에는 오히려 호텔보다 장점이 더 많아요.

반려견 동반 숙소 선정 시
잊지말고 챙겨야 할 사항들!

주방 확인

마누네 가족은 현지에서 장도 보고 집에서 음식도 해 먹는 것을 계획했기 때문에 요리할 수 있는 주방이 필수였죠. 요리가 가능한지, 식기와 조리도구들은 충분히 갖추어져 있는지 물어보세요! 현지에서 구입한 싱싱한 재료로 반려견에게 특별식을 해주는 것도 여행의 묘미죠. 특히 미국은 강아지 전용 베이킹 믹스 파우더, 강아지 전용 유기농 식재료 등이 다양하기도 하고 구하기도 쉬워서 한 번쯤 도전해 볼 만하답니다.

마당 확인

강아지들에게 가장 중요한 것! 아침 산책과 배변이죠. 미국은 대부분의 주택이 마당을 갖추고 있긴 하지만, 울타리가 있고 독립된 공간의 안마당이 있는지 확인해 보세요. 틈날 때마다 목줄을 풀고 뛰어놀 수 있어서 댕댕이 대만족!

거실 한쪽에 마련해 놓은 강아지 식기

현관 입구에 비치해 놓은 배변봉투

마누네 가족이 숙소에 들어서자마자 눈에 띈 것은 다이닝 룸 한쪽에 준비된 강아지 식기였어요. 현관 입구에는 배변 봉투까지 예쁘게 놓여 있더라구요. 숙소 예약 시 애견 동반 여부를 알려주긴 했지만 이렇게 세심한 배려를 받으니 정말 기분이 좋았답니다.

포틀랜드 파머스 마켓에서 장을 봐온 정희엄마는 이날 저녁, 가족을 위해 솜씨를 발휘했어요. 엄마와 아빠의 저녁 식사도 맛있었지만, 무엇보다 마누에게 신선한 소고기와 달걀로 엄마의 사랑이 듬뿍 담긴 특별한 저녁 식사를 준비해 줄 수 있어서 더욱 행복했어요.

정희엄마가 만들어준
마누의 저녁 식사

로렐 허스트 공원
(LAURELHUST PARK)

🐾 LAURELHUST PARK

📍 **주소** SE Cesar E Chavez Blvd & Stark St, Portland, OR 97214

⏱ **영업시간** 5:00~22:30

*오프리쉬 구역이 따로 존재하는 공원
*오프리쉬 구역에서 강아지들이 자유롭게 공놀이와 원반던지기 등을 할 수 있고 그 외 지역에서는 목줄을 꼭 해야 한다.

마누와의 여행이라는 말을 들었을 때, 정희엄마가 포틀랜드에서 제일 가보고 싶다고 한 곳은 바로 오프리쉬 공원이었어요. 넓은 자연에서 마누가 맘껏 달리고 놀 수 있는 곳! 특히 가을의 공원은 그야말로 아름답고 평화로운 곳이잖아요. 대형견을 키우는 사람이라면 누구나 목줄 없이 자유롭게 놀 수 있는 곳에 대해 갈증이 있어요.

그리고 드디어 도착한 첫 번째 오프리쉬 공원! 미국은 땅이 넓으니 공원도 규모가 클 것이라고 짐작은 했지만, 그 어마어마한 스케일에 단숨에 압도당했답니다. 나무의 크기도, 잔디밭의 규모도 상상 이상이었어요. 마누요? 당연히 태어나서 가장 행복한 공놀이를 경험했죠.

포틀랜드는 우리나라 거제도와 비슷한 면적의 도시인데 이곳에 무려 서른세 개의 도그파크가 있다네요. 아예 산 하나를 끼고 만들어진 도그파크도 있는데요, 자연이 살아있는 숲속에서 반려견과 함께 등산이나 하이킹을 즐길 수 있답니다. 대부분의 도그파크에는 반려견들을 위한 편의시설이 잘 갖춰져 있어 사람도 강아지들도 편하게 이용할 수 있어요.

이렇게 대규모 공원뿐 아니라,
동네마다 아기자기한 도그파크도 많다는 사실!
포틀랜드에 사는 반려가족들, 정말 부럽습니다.

공원 내에 리쉬 표시가 있는 곳에서는 목줄을 꼭 해주세요! 다같이 지키는 펫티켓이 애견 문화의 기본이죠.

신난 마누, 공을 향해 달려가고 친구도 사귀었답니다.

오프리쉬 공원이 익숙하지 않은 견주와 반려견의 경우, 주의사항이 있어요. 매일 오프리쉬 공원에 오는 개들과 달리 도시에 사는 개들은 자주 편하게 목줄을 풀고 놀 수 있는 개들이 아니기 때문에 이런 환경에 오면 많이 흥분해요. 특히 나이가 어리고 중성화를 안 했을수록 더하답니다. 강아지가 흥분을 가라앉힐 수 있도록 시간을 두며 산책을 시키고 주변 냄새도 맡게 하셔야 해요. 공원에서 만나는 다른 개들과도 목줄 풀기 전에 서로 인사를 좀 하게 해주고, 계속해서 주의를 기울이시는 게 좋아요.

그리고 사전에 강아지에게 구충하는 것을 추천합니다. 진드기, 벼룩, 쥐 등으로부터 보호하기 위해서예요. 사람과 함께 사는 강아지들이다 보니 조심할 게 많죠. 먹는 구충약, 뿌리는 구충약 등을 준비하세요!

오프리쉬 공원에서의 산책은 한국에도 목줄을 풀고 놀 수 있는 공원이 많이 생겼으면 좋겠다는 생각이 절실하게 느껴진 시간이었어요. 그런데 이곳에서 시간을 보내다 보니, 단순히 공원을 늘리는 것이 중요한 게 아니라 반려견과 함께 하는 문화가 잘 자리 잡아야 한다는 생각을 하게 되더라구요.

이곳의 사람들은 대형견을 대하는 태도가 좀 달라요. 한국에서 마누는 산책할 때 마누를 보고 무서워하거나 혹은 정반대로 귀엽다며 함부로 만지는 사람을 많이 만났거든요.

하지만 이곳의 사람들은 남의 강아지를 함부로 만지지 않아요. 반드시 견주에게 의사를 물어보죠. 정말 예쁜 강아지라는 칭찬을 먼저 하고, 인사해도 될지 만져보아도 될지 허락을 받고 나서야 강아지에게 접근해요. 워낙 개를 많이 키우기도 하고, 직접 키우지 않아도 주변에 반려견이 많기 때문에 자연스럽게 펫티켓이 자리를 잘 잡은 거죠. 이런 문화가 선행되어야 오프리쉬 공원이 많아지는 것이 의미가 있지 않을까요?

뛰어노는 강아지들을 보며 앉아있는 것만으로도 힐링이 된다는 사실!

1 자유롭게 뛰어놀고 있는 마누
2 공놀이를 하느라 신난 마누
3 서로의 항문 냄새를 맡으며 탐색 중

강아지들은 서로의 엉덩이, 항문 냄새를 맡으며 서로를 탐색해요. 말이 통하지 않아도 미국 댕댕이와 인사를 나눌 수 있는 마누! 어쩐지 부럽네요.

포틀랜드 동물 보호소
(OREGON HUMANE SOCIETY)

🐾 OREGON HUMANE SOCIETY

📍 **주소** 1067 NE Columbia Blvd, Portland, OR 97211

☎ **전화번호** +1 503-285-7722

⏱ **영업시간** 10:00~19:00 (목금토 ~21:00)

*북서부에서 가장 큰 동물 보호소. 해마다 11,000마리 이상의 반려동물을 구제하고 치료하며 입양을 보낸다. 보호소에 머무는 시간은 무기한이며 입양, 교육 및 동물 학대 조사 프로그램을 지원한다.

동물 복지에 대한 이야기는 마누를 만나기 전에는 정희엄마에게도 낯선 세계였어요. 하지만 마누와 함께 하는 시간이 길어질수록, 다른 강아지들에게도 관심이 가고 반려인으로 할 수 있는 의미 있는 활동들에 대해서도 생각하게 되더라구요. 기회가 될 때마다 반려견 관련한 자원봉사도 틈틈이 하는 마누 가족이었기에, 포틀랜드 동물 보호소의 이야기를 들었을 때 꼭 시간을 내어 가보고 싶다는 생각이 들었다네요.

OREGON HUMANE SOCIETY는 150년 역사를 가진 동물보호소에요. 규모도 매우 클 뿐 아니라, 별도 메디컬 센터까지 완벽하게 갖추고 있어요. 강아지뿐만 아니라 고양이 토끼 등 다양한 동물을 보호 중인 곳이지요. 이곳의 진짜 장점은 건물이나 시설의 훌륭함이 아니에요. 유기동물 구조, 보호, 입양 전반에 걸친 시스템이 체계적으로 잘 구축이 되어 있다는 것이랍니다.

역사와 전통이 오래된 곳이다 보니, 자원봉사 시스템도 잘 갖추어져 있어요. 인근에 사는 주민들뿐만 아니라 타 지역에서도 정기적인 자원봉사를 하러 오신대요. 국내외에서 찾아온 여행자들도 봉사가 가능하구요. 반드시 봉사하러 오는 것이 아니더라도 견학하러 오는 모든 사람에게 친절하게 안내를 해 주는 곳입니다. 포틀랜드를 찾는 반려인이라면 꼭 한번 들러보세요. 여러 가지를 생각할 수 있게 되는 의미 있는 장소가 아닐까 싶어요.

OREGON HUMANE SOCIETY에는 다양한 펫 교육, 치료 등의 시스템도 잘 갖추어져 있어요. 마누와 함께 방문했기 때문에, 애견 트레이닝 센터를 들러보았어요. 트레이너 선생님이 강아지 바디랭귀지의 의미에 대한 페이퍼를 주시며 설명해주셨어요. 우리 집 댕댕이도 자주 하는 행동이 있는지 도기 랭귀지 한번 보실래요?

DOGGIE LANGUAGE
starring Boogie the Boston Terrier

경계 · 의심스러운 · 불안 · 위협 · 화남

"이상 무"
(멀리 보기, 고개 돌리기) · 스트레스 (하품) · 스트레스 (코 핥기) · "이상 무" (바닥 냄새맡기) · "존중, 존경" (주변을 살피며 걷기)

"좀 떨어져 줘" (눈 굴리기) · 스토킹 · 스트레스 (긁기) · 스트레스 풀기 (몸 털기) · 편안함 (부드런 귀, 왕방울 눈)

"존중, 존경" · 친근하고 예의바르게 · 친근하게 · "예뻐해 줘~" · "난 당신의 딸랑이~"

"안녕, 네가 좋아" · "나랑 놀래?" · "준비~" · "먹을거 안 주나"

궁금함 (갸우뚱) · 행복해 (또는 더워) · 무지 좋아 · "으..." · "좋아, 좋아"

© 2011 Lili Chin www.doggiedrawings.net

이곳에서 정희엄마는 한국의 식용견 농장에서 구출되어 온 강아지 "요기"를 만났어요. 힘들었을 요기를 생각하니 마음이 너무 아팠다네요. "사랑해, 먼 데까지 와서 고생 많았지...." 라고 속삭이며 따뜻하게 안아 주었어요.

보호소 곳곳에서 수고하는 자원봉사자가 하루 평균 2천 명이라고 해요. 정희엄마가 가장 놀랐던 건, 냄새가 정말 조금도 나지 않는 것이었다고 해요.

"집에 강아지가 있으면 냄새 없애는 게 굉장히 큰일이에요. 정말 깨끗하게 유지하고 스프레이도 뿌리고.... 그래도 그게 보통 일이 아니거든요. 그런데 방마다 가는 곳마다, 개 특유의 그 냄새가 안 나는 거예요. 어떻게 이렇게 냄새가 안 나는지 방마다 물어봤는데 그만큼 깨끗하고 청결하게 관리한다고 하시더라구요. 집에서 키워도 냄새 없애는 게 큰 일인데, 유기견 보호소이면서도 이렇다는 것은 정말 얼마나 많은 사람이 정성을 다해 아이들을 돌보는 것인지 알게 해주는 거죠."

보호소 내에는 펫샵도 있어요. 보통 이렇게 큰 기관의 기념품샵은 물건이 비싼 편이잖아요. 그런데 이곳의 펫샵은 생각보다 가격대도 저렴하고, 펫용품들도 다양하고 좋은 제품들로 많이 구비해 놓았더라구요. 그리고 이 샵에서 물건을 사면 그 돈이 기부금으로 사용된다고 해요. 여러 가지로 의미 있는 곳이죠?

건물도 아름답고 그 안에 들어가서 보는 내용도 의미 깊고, 많은 생각을 하게 해준 여행지였답니다. 마누 가족이 적극 추천합니다!

1 동물보호소 전경
2 동물보호소 내 펫샵

포틀랜드 힙하운드 펫샵
(HIPHOUND PET SHOP)

HIPHOUND PET SHOP

- 주소 610 NW 23rd Ave, Portland, OR 97210 미국
- 전화번호 +1 503-841-5410
- 웹사이트 hiphoundshop.com
- 영업시간 9:00~19:00

*포틀랜드 다운타운에 위치한 힙한 감성 물씬 나는 펫샵

1 포틀랜드 힙하운드 펫샵 내부 모습
2 펫샵 내부의 다양한 물품을 둘러보는 정희엄마

미국에 있는 대부분의 PET SHOP은 대형 마트 스타일이 많은데, 힙하운드는 아기자기한 인테리어와 독특한 아이템들이 많은 예쁜 샵이에요. 강아지 간식 부케, 초대형 사이즈의 간식 및 침대, 도기 맥주, 생일 파티용품 등 주머니를 탈탈 털어 사고 싶게 만드는 것들이 가득하죠.

한국에 대형견 용품이 다양하지 않아서, 정희엄마는 이번 미국여행에서 마누를 위한 아이템을 잔뜩 사겠다고 벼르고 왔어요. 들어서면서부터 연신 감탄사를 연발하더니 결국 두 손 가득 무겁게 나왔다는 후문입니다.

30kg이 넘는 골든 리트리버 마누지만, 이곳에서는 중간 사이즈더라구요. 미국은 더 큰 대형견도 많은가 봐요.
강아지 전용 맥주인 도그맥주(당연히 알콜성분은 없어요), 바크부케 등 신기한 아이템들이 많아 구경하는데도 시간이 상당히 걸렸어요. 오랜 쇼핑 끝에 정희엄마도 마누 장난감과 목줄, 강아지용 케이크 가루 등을 샀지요.

미국에서 자주 볼 수 있는 대형마트형 펫샵과 비교해서는 생각보다 물건의 종류가 많지 않고 가격대도 좀 비싼 편이에요. 아, 가격대가 비싸다는 건 미국 내 대형마트형 펫샵과의 비교에요. 한국과 비교해서는 절대적으로 미국이 싸요. 하지만 이 샵이 위치한 동네 자체가 정말 예쁘기 때문에 펫샵을 위해 가기보다는 포틀랜드 다운타운 구경을 한다는 마음으로 가보길 추천해요. 최고의 관광지는 항상 동네 구경인 거 아시죠?

   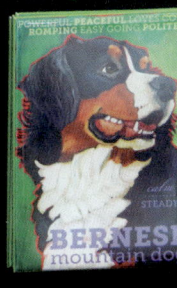

1 펫샵에서 판매하는 엽서
2 인형 장난감을 관심있게 보는 마누
3 다양한 강아지용 식품을 구경하는 두 사람

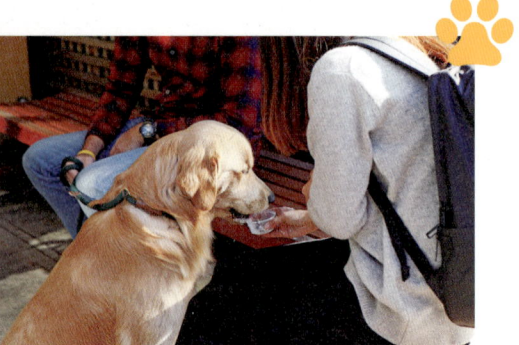

힙하운드 내부에는 JAVAHOUND COFFEE BAR라는 작은 카페가 있어요. 펫샵과 카페가 함께 있는 구조인 거죠. 이곳에서는 강아지 메뉴인 퍼푸치노를 판매하고 있더라구요. 힙하운드에서 물건을 사거나, 카페에서 주문하면 퍼푸치노는 서비스로 준다는 사실! (따로 구매할 경우에는 1$이에요.)

정희엄마도 물건을 샀기 때문에 계산대에서 직원 누나들이 퍼푸치노를 주었어요. 그때까지 퍼푸치노가 서비스로 제공된다는 것을 몰랐기 때문에, 뜻밖의 횡재 같은 기분이 들었네요. 샵 앞 벤치에 앉아 오후 햇살을 받으며 마누에게 퍼푸치노를 마시게 했는데, 7초 만에 원샷하고 트림까지 꺼억~ 해서 모두를 웃음 짓게 했답니다.

참, 자바하운드 커피 바에서는 매주 목요일 오후 5시부터 7시까지는 사람과 개 모두를 위한 행사를 하고 있다고 합니다. 와인, 맥주도 맛볼 수 있고 간식도 먹을 수 있다네요. 포틀랜드 다운타운에 가볼 계획이 있다면 목요일을 노리는 것이 댕댕트립 노하우!

마누가 퍼푸치노를 마시는 동안 거리의 풍경에 취향 저격을 당한 정희엄마! 쇼핑을 마치고 마누 가족은 동네 산책을 했어요. 펫샵이 있는 포틀랜드 다운타운은 구석구석 정말 예쁜 거리였어요.

포틀랜드의 명물, 바이크 맥주 투어

🐾 **Couve Cycle (바이크 맥주 투어) 포틀랜드**

📍 **주소** 202 W 5th St, Vancouver, WA 98660-3185

☎ **전화번호** +1 360-831-8687

💻 **웹사이트** couvecycle.com

💲 **가격** 인당 20~30$ (테마별로 다름)

*10명 남짓의 사람들이 함께 사이클을 타고 펍마다 정차해 맥주를 먹어보는 투어
*맥주 투어 이외에 개인적으로 대여는 물론, 커피&페스츄리 투어(아침) / 와인 투어 / 현지 괴담을 들을 수 있는 미스터리 투어 등 다양한 테마가 있다.
*각 테마별로 1시간에서 2시간 정도 소요

자전거 펍 투어는 포틀랜드에 가면 꼭 해야 하는 투어 중 하나라고 해요. 포틀랜드에는 다양한 브루어리와 로컬 맥주가 있어요. 90여 개의 비어 브루어리가 운영되고 있다는 수제 맥주의 도시 포틀랜드! 이 맛에 반해 미국 내에서는 물론 전 세계에서 비어투어를 하러 올 정도라니, 맥주 좋아하시는 분들, 눈이 번쩍 뜨이시죠?

마누 가족과 현지 관광객 두 명이 함께 투어를 했는데요. 처음엔 넷이서 이 큰 자전거를 어떻게 움직이지 걱정했지만 알고보니 자전거는 전기로 움직이는 전기차였어요. 자전거 페달을 밟는 것은 기분을 내기 위한 용도랄까? 그런데 재미있는 건 그걸 알고 나서도 막상 자전거가 움직이기 시작하면 나도 모르게 열심히 페달을 굴리게 된다는 것!

사실 이 투어는 마누 엄마보다 마누 아빠가 꼭 해보고 싶어 했던 투어였거든요. 한국에서 애견동반 금지에 익숙해진 정희엄마는 마누가 탈 수 없으면 아빠만 태워 보내고 마누와 함께 기다릴 생각이었어요. 조심스럽게 자전거를 운행하시는 가이드분께 마누가 같이 탈 수 있는지를 물어보았는데, "물론이죠~ 강아지도 환영합니다!"라고 대답하시는 거예요! 마누와 함께 할 수 있다는 사실에 기분이 무척 좋아져서 투어를 시작했답니다. 함께 투어를 했던 분들도 마누를 반기며 칭찬해 주셔서 역시 포틀랜드는 반려견의 천국이구나 라는 생각을 또 한 번 했네요.

사람들이 타는 좌석 사이 가운데 공간에 담요를 깔아주고 마누를 앉힐 수 있었어요. 넉넉한 공간이라 마누도 무척 편하게 투어를 즐겼구요.

 **① 첫번째 펍**

🐾 생맥주집 Tap Union Freehouse

📍 주소 1300 Washing ton St #200, Vancouver, WA 98660 미국

📞 전화번호 +1 360-726-6921

⏱ 영업시간 오전 2:00에 영업 종료

바이크 맥주 투어에서는 사전에 고른 펍을 돌면서 브루어리마다 각각의 특색이 있는 수제 맥주를 맛볼 수 있어요. 종류가 워낙 많아 고르기가 힘들지만, 그럴 땐 포틀랜드 브랜드의 수제 맥주를 추천해 달라고 해서 맛보시길 추천해요.

첫 번째 펍 Tap Union Freehouse에서는 친구들과 함께 둘러앉아 이야기하며 맥주를 마셔보았어요. 이곳은 실내에서 반려견이 함께 있을 수가 없는 곳이었기 때문에 짧게 앉아있다 나와야 해서 조금 아쉬웠네요. 두 번째 가기로 한 펍은 뒷마당 야외 테라스에서 반려견과 함께 맥주를 마실 수 있다는 이야기를 들었기 때문에 아쉬운 마음을 달래며 다시 바이크 탑승!

 ② 두번째 펍

🐾 Doomsday Brewing Safe House

📍 주소 1919 Main St, Vancouver, WA 98660 미국

📞 전화번호 +1 360-503-7649

⏱ 영업시간
월~수요일 16:00~22:00
목요일 16:00~23:00
금요일 14:00~23:00
토요일 12:00~23:00
일요일 12:00~20:00

🌐 웹사이트 doomsdaybrewing.com

 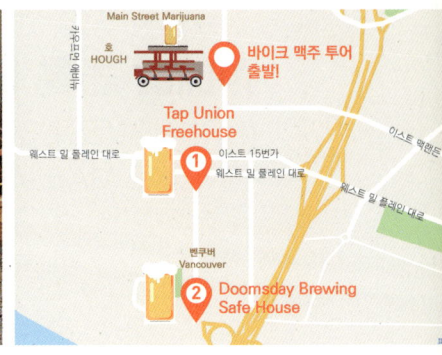

다시 자전거를 타고 이동한 두 번째 펍에서는 마누와 엄마 아빠만 모닥불 테이블에 앉아서 이야기를 여유 있게 나눌 수 있었지요. 그런데 마누를 본 펍 사장님이 잠시 후에 마누를 위한 물그릇과 강아지 쿠키를 가져다 주셨어요. 가는 곳마다 강아지를 환영하는 포틀랜드, 얼마나 매력적인지 모르겠어요. 기분이 좋아진 엄마 아빠는 마누 쿠키를 조금씩 맛보며 장난도 쳤답니다. 마누야 쿠키 뺏어 먹어서 미안, 하지만 너도 함께 있으니 기분 좋은 거 다 알아.

자전거 펍 투어는 단체로 오는 분들에게 추천하고 싶은 투어에요. 강아지를 데리고 오면 더욱 추천하구요. 강아지가 없어도 혼술이 가능한 분, 다른 사람들과 편하게 어울릴 수 있는 분, 여행 와서 친구를 사귀고 싶은 분들에게 추천!

단 늦가을보다는 늦봄이나 여름, 한낮 여름더위가 저녁에 식을 때쯤이 더 좋을듯해요. 마누 가족이 갔을 때는 10월의 가을밤이라 살짝 쌀쌀하기도 했거든요. 아무래도 맥주는 약간 더울 때 시원하게 마셔야 제맛이니까요.

그래도 이렇게 이색적인 자전거를 타고 포틀랜드의 밤거리를 달리는 그 기분이란! 거리도 아름답고, 풍경도 평화롭고… 이 순간을 마누와 함께 해서 더없이 행복한 밤이었답니다.

시애틀 동물 마사지 학교
(NORTHWEST SCHOOL OF ANIMAL MASSAGE)

NORTHWEST SCHOOL OF ANIMAL MASSAGE

- 주소: 9704 SW 156th St Vashon, WA 98070
- 전화번호: +1 (206) 463-1425
- 웹사이트: www.nwsam.com
- 영업시간: 7:30~17:00 (토, 일 휴무)
- 가격: 8주 코스 : 297$

*강아지는 물론 말 등의 동물 전반의 마사지를 가르쳐주고 배울 수 있는 곳

포틀랜드 여행을 마치고 시애틀로 넘어온 마누 가족의 첫 번째 방문지는 동물 마사지 학교였어요. 시애틀에서 배를 타고 들어가야 하는 섬에 위치하고 있어요. 섬이지만 배를 탄 지 30분도 걸리지 않아 금방 도착하는 가까운 곳이에요. 그리고 막상 도착해 보니 아름다운 자연과 어우러진 시골 농장의 풍경을 보고 오길 잘했다는 생각이 들었죠!

14,000평 정도의 땅에 지어진 이 농장에는 10마리의 말을 비롯해 염소, 개, 고양이, 당나귀, 원숭이까지 굉장히 많은 동물들이 자유롭게 살고 있었어요. 이런 농장 안에 있는 동물 마사지 학교라니, 생각만 해도 궁금하지 않으세요?

마누는 이제 막 한 살이 되는 건강한 강아지예요. 정희엄마 입장에서는 솔직히 마누가 어디 아프거나 한 적이 없기 때문에 처음에는 크게 기대를 안 했던 게 사실이에요. 그런데 그게 큰 오산이었다는걸 깨달았지요.

이곳에서 배운 가장 큰 내용은, 마사지를 배우는 기술이 아니고 견주와 강아지와의 교감에 관한 것이었어요. 근육을 풀어준다기보다, 내(견주)가 여기 있고 너를 위한 이런 손길들이 너의 마음도 몸도 편하게 해준다는 터치가 중요한 내용이었어요. 치료를 위한 마사지라기보다, 휴식과 안정에 가까웠다고 할까요.

친절하고 여유있는 선생님께 마누를 위한 마사지를 배워 보았답니다. 동물 마사지를 30년이나 하신 분이세요. 마사지를 시작할 때 중요한 것은 강아지가 편안하게 느낄 수 있을 때까지 참을성 있게 기다려 주는 것이래요. 털끝 릴렉싱 마사지, 피부 마사지, 근육 마사지 등 강아지들의 기분과 피부 컨디션, 근육 이완에 좋은 마사지였어요. 올바른 스트레칭과 터칭을 통해 강아지가 면역력을 키울 수 있다고 해요.

사람도 그렇듯이, 강아지도 좀 나이가 들어야 마사지 같은 테라피의 필요성을 느끼게 마련이죠. 마누 가족도 마찬가지였어요. 하지만 근육을 풀어주고 릴렉싱 해주는 부분도 마누 가족에게는 많은 도움이 되었다네요. 신체 활동을 지나치게 한 날에는 마누에게 마사지를 해주며 몸도 마음도 교감하는 시간을 가져야겠다는 생각이 들었답니다.

아직 어린 강아지라 하더라도, 언젠가는 노령견이 되니까요. 견주들이 미리 배워보면 정말 좋은 프로그램이에요. 기회가 되는 댕댕이 가족들은 꼭 들러 배워보길 추천해요!

수상 경비행기 시티투어
(KENMORE AIR – LAKE WASHINGTON)

🐾 KENMORE AIR – LAKE WASHINGTON

📍 **주소** 6321 NE 175th St, Kenmore, WA 98028 미국

☎ **전화번호** +1 866-435-9524

💲 **가격** 1인당 99$ / 25파운드가 넘는 개는 비용 지불을 해야 함 (마누는 99$ 지불)

* 이동 수단으로 탑승할 경우 : 캐나다 밴쿠버, 빅토리아주, 시애틀, 산후안 제도까지 이동 가능
* 액티비티로 탑승할 경우 : 태평양 북서부를 날아 시애틀을 20분간 관광
* 매주 수, 토요일 저녁 레이니어산 & 세인트헬렌산 근처의 화산 투어 진행

이곳은 시애틀 중심부에 있는 레이크 유니언 파크인데요, 공원과 산책로가 잘 조성되어 있을 뿐 아니라 크루즈 투어, 카누, 경비행기 등 반려견과 함께 다양한 레포츠도 즐길 수 있게 만들어진 곳이래요.

마누 가족에게 여행의 하루하루가 모두 특별한 순간이었지만, 오늘 레이크 유니언 파크는 더욱 설레고 기대되는 장소였어요! 바로 마누와 함께 경비행기를 타기로 했기 때문이었답니다. 사실 1인당 10만 원이 넘는 비용이 들기 때문에, 큰맘 먹고 온 거긴 해요. 가는 내내 정희엄마는 "마누야 평생 한 번 하는 경험인 거야!"라고 몇 번을 이야기했어요.(마누에게 하는 건지 자기 자신에게 하는 건지 모르겠더라구요.)

결정적으로 경비행기 투어를 하기로 결심한 이유는 마누가 함께 탈 수 있기 때문이었어요. 25파운드, 즉 12kg이 넘는 개는 사람과 똑같은 비용을 내야 해요. 12kg 미만의 작은 강아지는 안고 탈 수 있다고 하네요. 강아지에게 사람과 같은 요금을 부과한다는 것이 오히려 신선하게 느껴졌어요. 같은 요금을 받는다는 것은 데리고 타는 애완동물로만 여기는 것이 아니라 사람과 동등하게 '탑승객'으로 인정한다는 것이기도 하잖아요. 마누도 엄마 아빠와 같은 요금을 내고 당당하게 경비행기 시티 투어 탑승객으로 비행기에 올라탔답니다.

1 파일럿 복장을 한 마누와 정희엄마
2 비행기에 올라타는 마누

마누와 함께 시애틀 상공을 날며 바라보는 전경! 정희엄마에게는 정말 이루 말할 수 없는 감동의 순간이었어요.

도시의 전경을 보는 방법에는 여러 가지가 있잖아요. 높은 타워에 올라갈 수도 있고, 유람선을 탈 수도 있고. 하지만 시애틀의 전경을 하늘에서 본다는 것이 이렇게 멋지다니, 기대 이상이었답니다. 그리고 비행기가 바다에서 이륙해서 바다에 착륙하기 때문에, 지상에서 뜨고 내리는 비행기와 다르게 '쿵' 하는 충격이 없어요.

마누의 눈에는 이 모든 풍경들이 어떻게 보였을까요?
말로 설명은 못 하지만 마누는 분명 엄마, 아빠가 무척 행복해한다는 걸 알 거예요. 마누네 가족, 오늘 정말 평생 잊지 못할 추억 하나 남겼네요.

놈스 이터리
(NORM'S EATERY & ALE HOUSE)

🐾 NORM'S EATERY & ALE HOUSE

📍 **주소** 460 N 36th St, Seattle, WA 98103

📞 **전화번호** +1 206-547-1417

⏱ **영업시간** 월~목 11:00~23:00 금 11:00~24:00 토 9:00~24:00 일 9:00~23:00
　　　　　특별할인 시간대 16:00~19:00

*파티룸 대여 가능 : 미리 예약하면 강아지 생일, 기념일, 웨딩, 만남 등 다양한 행사 가능
*매주 수요일 20:00~22:00 빙고 게임을 진행
*매주 목요일 20:00~22:00 상식퀴즈 게임을 진행

시애틀을 찾는 댕댕가족이라면 추천해 드리고 싶은 식당을 하나 소개해 드릴게요. 바로 NORM'S EATERY & ALE HOUSE라는 곳이에요.

반려견, 특히 대형견과 함께 사는 모든 분이 폭풍 공감하시는 것! 함께 외식을 하기가 쉽지 않다는 거죠. 한국에서는 강아지가 들어갈 수 있는 식당이 극히 드물어요. 미국에 와서 좋았던 것 중 하나가 많은 식당이 야외 테이블에서 강아지와 함께 식사할 수 있다는 점이었는데요, 이곳은 실내에서도 반려견과 함께 식사할 수 있어요. 버거, 샌드위치, 파스타, 와플 등의 메뉴가 있는 전형적인 미국식 레스토랑이에요. 다양한 종류의 맥주도 있고, 손님들이 함께 스포츠 중계를 보거나 가벼운 게임도 할 수 있기 때문에 저녁에는 조금 더 펍 같은 느낌이 나죠.

자리를 잡고 앉은 정희엄마 눈에 가장 먼저 띈 것은? 역시 펫메뉴였죠.

여기서 한 가지 댕댕트립 꿀팁! 반려견과 함께 여행을 떠나실 때, 일단 사료는 평소 먹던 것으로 넉넉히 챙기시는 게 좋아요. 여행지에서 평소 먹는 것과 같은 사료를 구할 수 있다면 괜찮지만, 그렇지 않을 경우에 갑자기 사료가 바뀌면 강아지가 불편할 수 있거든요. 설사를 하거나 컨디션이 안 좋아질 수도 있구요. 그래서 대부분 레스토랑의 펫메뉴도 든든한 한 끼의 식사라기보다는 간식 느낌의 종류가 많아요. 그래서 펫메뉴는 간식으로 먹이시는 걸 권해요.

뭔가 아쉽다구요? 이건 어때요? 사료를 준비해 가서 펫메뉴를 시켜 토핑처럼 함께 주면, 특별식 느낌도 나고 근사한 외식이 되겠죠?

저녁 시간이 무르익을수록 NORM'S EATERY & ALE HOUSE 는 시끌 벅적해져요. 빙고 게임도 열리고 맥주를 한잔하는 손님들도 많아지거든 요. 그런데 식당 안에 있는 강아지들 모두 소란스러운 분위기 속에서도 다들 주인 옆에서 아주 얌전히 있는 모습이었어요. 다른 강아지가 지나가 도 크게 반응하거나 흥분하지 않고 아주 편하게, 꼬리 정도 흔들고 안녕, 하는 정도?

반려견과 어디든 함께 가기 위해서는, 강아지들에게도 사회성 훈련이 필요해요. 미국의 강아지들은 아주 어릴 때부터 함께 외출할 수 있는 훈련을 시켜요. 주인을 따라 같이 식당에 가면 강아지도 편하게 쉬는 시간이라는 걸 어릴 때부터 가르치는 거죠. 그래서 식당이나 카페 등을 같이 데리고 다니는 게 자연스러운 거예요. 주인과 안정적인 애착을 형성하고 훈련이 잘된 강아지들은 낯선 환경에서도 짖거나 공격성을 보이며 흥분하지 않거든요. 반려견을 동반하지 않은 손님들도 방해받지 않고 식사를 할 수 있는 거죠.

사람과 강아지가 서로 배려하며 함께 어울리는 시애틀의 레스토랑, 정말 매력적이지 않나요?

많은 사람들이 각자의 반려견을 데리고 오는 곳에서는 정보 교환의 장이 이루어지기도 하지요. 서로의 반려견을 칭찬하며, 이런 훈련은 어떻게 시키세요? 그런 교육은 어떻게 하세요? 이런 이야기들을 주고받아요. 정희 엄마에게는 이런 문화도 신선한 충격이었나 봐요.

"마누가 여기 와서 이렇게 앉아있는 것만으로도 배우는 게 있더라구요. 마누는 아직 한 살 강아지잖아요. 주변 영향을 많이 받아요. 옆에서 짖으면 짖는 걸 배울 텐데, 이렇게 안정되고 차분하게 있는 친구들을 보면 마누도 그런 걸 배우는 거죠. 이 문화를 통해 마누가 얻는 배움도 분명히 클 거 같아요"

시애틀 데이케어 센터
(Woof! Play & Stay Dog Daycare)

Woof! Play & Stay Dog Daycare

- **주소** 100 TAYLOR AVE N. SEATTLE, WA 98109
- **전화번호** 206-397-4225
- **웹사이트** www.woofplayandstay.com
- **영업시간** 월~금 7:00~19:00 (18:45까지 강아지를 픽업해야 함)
  토~일 8:00~17:00
- **필요한 서류** 광견병 예방접종 서류 사본 (이미지 파일로도 제출 가능)
- **가격** 이용 시간 및 프로그램에 따라 29달러~ 80달러까지 다양

장기 여행을 하거나 여행 중 급하게 맡겨야 할 상황이 왔을 때 유용한 반려견 서비스가 있어요. 강아지 데이케어 센터인데요, 시애틀 여행 마지막 날 마누 가족도 한번 이용해 보기로 했지요.

광견병 예방접종과 중성화 수술이 완료된 강아지들을 대상으로 회원제 운영을 하는 곳이지만, 1회 이용도 가능하고 중성화 수술을 하지 않은 강아지에게 맞춘 프로그램도 있다고 해요. 그렇지만 광견병 예방접종은 필수! 다른 반려가족을 위한 기본적인 배려이죠.

마누는 중성화 수술을 하지 않은 강아지예요. 그래서 다른 강아지들과 함께 놀 수는 없었어요. 대신 마누를 위한 교육 프로그램들을 신청할 수 있었어요. 이곳에서는 개별적인 트레이닝과 어질리티 놀이 및 피트니스 서비스까지 제공하고 있었거든요.

여기서 잠깐! 반려견 어질리티 놀이란?

어질리티 놀이

- 어질리티(Agility : 민첩)
- 강아지가 장애물을 뛰어넘거나 통과하며 노는 일종의 반려견 스포츠. 미국에서는 무척 대중적이에요. 간혹 대회를 위한 특정 견종의 스포츠로 생각하시는 분들도 있는데, 꼭 그렇지는 않아요. 각 강아지의 신체 조건에 맞는 수준으로 취미처럼 할 수 있는 놀이에요. 무엇보다 반려인이 함께 해주는 것이 최고의 어질리티 놀이라는 건 당연하겠죠?

정희엄마가 꼼꼼하게 마누 신청서를 작성해 맡기고 아빠와 데이트를 간 사이, 마누는 태어나서 처음으로 어질리티 놀이에 도전해 보았답니다. 전문가의 도움을 받아 신나게 운동을, 엄마 나도 이젠 다 컸어요. 아빠랑 오붓하게 시간 보내요!

Woof! Play & Stay Dog Daycare에 대해 조금 더 자세히 알아볼까요? 견주에게 생길 수 있는 급한 상황에 대비해 강아지 스위트룸 서비스도 운영하고 있대요. 18:45 이후에는 강아지를 데려가야 하지만, 요금을 추가하면 다음 날 찾아갈 수 있는 오버나잇 서비스도 제공하지요. 제시간에 찾으러 오지 못하는 견주들을 위한 강아지 딜리버리 서비스도 있답니다! 전문적일 뿐만 아니라 다양하고 세분화된 여러 가지 강아지 대상 프로그램들 덕분에, 가족과도 같은 강아지를 안심하고 맡길 수 있다는 사실!

데이케어 서비스 덕분에 엄마 아빠는 시애틀의 마지막 날을 로맨틱하게 마무리했다고 하네요.

PART 3

뉴욕

강예원&로미 여행

강예원&로미 여행 루트

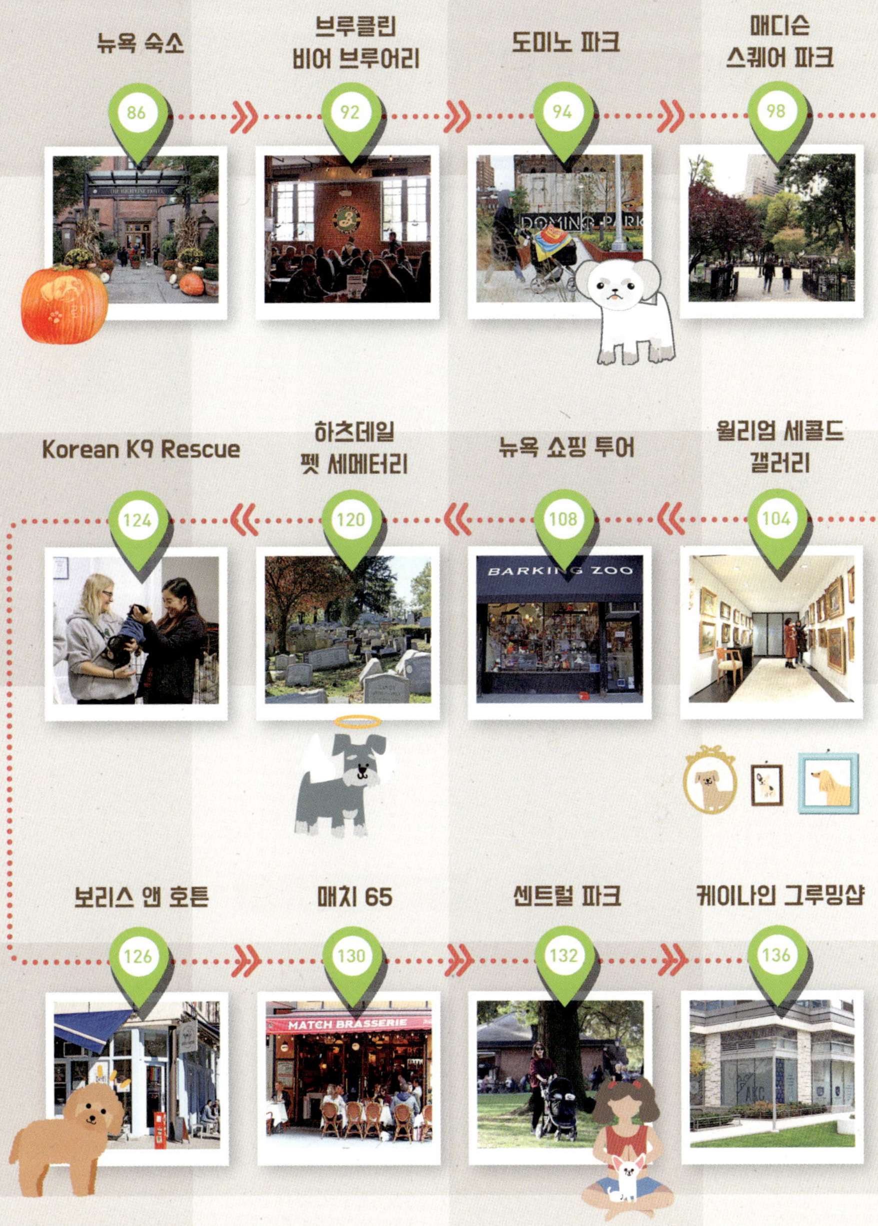

- 뉴옥 숙소 — 86
- 브루클린 비어 브루어리 — 92
- 도미노 파크 — 94
- 매디슨 스퀘어 파크 — 98
- 윌리엄 세콜드 갤러리 — 104
- 뉴옥 쇼핑 투어 — 108
- 하츠데일 펫 세메터리 — 120
- Korean K9 Rescue — 124
- 보리스 앤 호튼 — 126
- 매치 65 — 130
- 센트럴 파크 — 132
- 케이나인 그루밍샵 — 136

숙소 정보 뉴욕

뉴욕의 펫 프렌들리 숙소
더 하이라인 호텔 (The High Line Hotel)

The High Line Hotel

주소 180 10th Ave, New York, NY 10011 미국

전화번호 +1 212-929-3888

*옛날 수도원을 개조해 만든 호텔로 뉴욕의 대표적인 펫 프렌들리 호텔이며 뉴욕 첼시 지역에 위치해 있다.

뉴욕에 도착한 로미와 예원엄마가 가장 먼저 발걸음을 한 곳은?
바로 대표적인 뉴욕의 펫 프렌들리 숙소인 The High Line Hotel 이었답니다.

사실 예원엄마의 뉴욕 여행은 처음이 아니에요. 친한 친구가 있기 때문에 매년 한 번씩은 놀러 오는 곳이거든요. 여행을 떠날 때마다 다른 가족에게 로미를 맡기고 와야 했기 때문에 항상 마음 한구석이 미안했는데, 이렇게 로미와 함께 뉴욕에 오다니! 로미도 예원엄마도 공항에서부터 무척 설레고 신나는 여행의 출발이었지요.

JFK공항에서 첼시의 호텔까지는 우버(Uber)를 이용했어요. 보통 노란색의 택시를 많이 타는데, 요즘에는 신용카드를 등록해 두면 스마트폰을 이용해 간편하게 부를 수 있는 차량공유서비스를 많이 이용하는 편이지요. 서툰 영어로 목적지를 힘들게 이야기하지 않아도 되고, 요금도 자동으로 지불이 되니 한국보다 해외에서 더 많이 선호하더라구요.

예원엄마는 뉴욕에서 이 호텔을 몇 번 스쳐 지나가 본 적이 있다고 해요. 오가다 보면서, '저 호텔은 강아지가 정말 많이 드나드네? 나도 언젠가 로미랑 오면 가 보고 싶다~' 이런 생각을 했었는데, 정말로 로미와 함께 이곳에 묵게 된 거예요! 안으로 들어가 보니 정말 뉴욕스러운 분위기의 호텔이었어요. 가장 먼저 눈에 띈 것은 호텔 안팎의 많은 댕댕이들이었구요, 그다음으로 눈에 들어온 것은 입구에 비치해 둔 강아지용 물그릇과 무료 강아지 쿠키였답니다. 들어오는 댕댕이 모두를 환영하는 호텔이죠.

로비에 있는 카페는 투숙객이 아니어도 누구나 이용할 수 있으며 온종일 애견을 동반한 손님들을 만날 수 있어요. 그래서 아침에는 꼭 이곳에 묵지 않더라도 댕댕이와 함께 산책을 나와서 커피 한잔 하고 가는 뉴요커들로 제법 붐빈답니다. 뉴요커 댕댕가족들의 사랑방 같은 곳이죠.

호텔 로비에 비치해 놓은 핼러윈 댕댕파티 안내장   운동화상, 콘도그상, 핫도그상 트로피까지!

예원엄마와 로미가 방문했던 시기는 마침 온 미국이 들썩이는 10월 말의 핼러윈 축제 시즌이었어요. 가는 곳마다 핼러윈 코스튬과 잭오렌턴(Jack-O'-Lantern, 호박 속을 파 만든 랜턴)을 만날 수 있었지요. 더 하이라인 호텔도 마찬가지였어요.

그런데 아침부터 뭔가 심상찮은 분위기(?)가 느껴지더니… 놀라운 복장의 댕댕이들이 속속 호텔로 모여드는 게 아니겠어요? 그날은 바로 "핼러윈 댕댕이 코스튬 퍼레이드"가 있는 날이었답니다! 이 구역의 코스튬 댕댕이 모두 모여라!

보기만 해도 빵빵 터지는 댕댕이들의 코스튬 퍼레이드. 자신 있는 댕댕이는 누구나 나와서 참가해 자랑하고 들어갈 수 있는 재미있는 행사였네요. 나름 베스트 코스튬 댕댕이를 선정해서 트로피까지 주는 치열한 대회랍니다.

예원엄마도 로미에게 한복을 입혀 출전시켜 봤지만 아쉽게도 수상은 실패했어요. 하지만 다른 댕댕이들을 보니 어찌나 정성스럽게 준비를 해서 왔는지 패배를 인정할 수밖에 없었다는군요.

1 2018 핼러윈 코스튬 우승 댕댕이는?
  바로 이 "써전 댕댕이"
2 배트맨 코스튬과 인크레더블 코스튬을 입은 참가자
3 한복을 입고 도그쇼에 참가한 예원엄마와 로미

수상은 못 했지만 로미의 귀여움에 반한 뉴욕 예술가 삼촌이 로미를 위한 호박 카빙을 해주었답니다. 상을 못 타서 심통이 살짝 나 있던 예원엄마도 "선물로 드릴게요~"라는 말에 급 기분이 좋아졌다나요.

이런 축제를 한국에서도 즐길 수 있기를! 로미도 홈그라운드에서라면 분명 트로피를 탈 수 있을 거예요. 이번 퍼레이드는 여행지에서의 즐거운 경험으로 소중히 간직해보려구요.

브루클린 비어 브루어리
(Brooklyn Brewery)

🐾 Brooklyn Brewery

- 📍 **주소** 79 N 11th St, Brooklyn, NY 11249 미국
- 📞 **전화번호** +1 718-486-7422
- 💻 **웹사이트** brooklynbrewery.com/verify
- ⏱ **영업시간** 매주 화요일 휴무.
  월요일 17:00~19:00 / 수,목요일 17:00~23:00 / 금요일 17:00~24:00 /
  토요일 12:00~24:00 / 일요일 12:00~20:00

* 일요일 무료투어 : 13:00~16:00 30분 간격으로 투어 프로그램이 있음
* 신분증 반드시 지참

이곳은 세계적으로 유명한 크래프트 맥주인 브루클린 맥주를 만드는 곳이에요. 크래프트 맥주는 대량으로 생산해 유통하는 맥주와 다르게 소량만 생산해 독창적이고 다양한 맛을 즐길 수 있답니다. 특히 브루클린 맥주는 미국 크래프트 맥주의 자존심이라고 할 만큼 성공한 크래프트 맥주래요. 브루클린 브루어리에는 이 유명한 맥주 제조 과정을 볼 수 있는 견학 투어 프로그램이 있지요. 일요일 오후에는 무료 투어 타임이 있다니 이왕이면 일요일에 방문해 보세요!

투어 프로그램을 예약하면 4가지 종류의 맥주를 맛볼 수 있어요. 가볍게 한잔하는 것이긴 하지만 알코올 음료이기 때문에 신분증을 확인한답니다. 미성년자인 댕댕가족들은 안 되어요.

투어가 아닌 시간에 방문해도, 수십 종류의 브루클린 맥주를 맛볼 수 있답니다. 이곳은 오직 맥주를 중심으로 하는 곳이기 때문에 맥주집 하면 우리가 떠올리는 별도의 음식은 팔지 않아요. 대신 외부 음식을 가지고 와서 먹는 것도 가능해요. 피자나 치킨, 햄버거 등 맥주와 잘 어울리는 음식을 미리 사서 방문하면 근사한 피맥, 치맥 타임을 즐길 수 있죠!

하지만 무엇보다 가장 매력적인 점은?
바로 사랑하는 댕댕이와 함께 갈 수 있다는 것! 강아지와 함께 즐기는 미국식 스타일의 펍이라니, 뉴욕을 방문한 댕댕가족들이 놓치면 안 될 곳으로 추천합니다!

도미노 파크 (DOMINO PARK)

🐾 DOMINO PARK

- 📍 **주소** 15 River St, Brooklyn, NY 11249 미국
- ☎ **전화번호** +1 212-484-2700
- 💻 **웹사이트** www.dominopark.com
- ⏱ **영업시간** 월~토요일 6:00~1:00

* 윌리엄스버그 (브루클린)의 이스트강을 따라 15river street에 위치한 5에이커 규모의 공원.
* 공원 내 오프리쉬 도그파크가 있으며 도그파크는 6:00~23:00까지 개방.

뉴욕과 브루클린을 이어주는 윌리엄스버그 다리 동쪽에는 좀 특별한 공원이 있어요. 한때 미국 전체 설탕 생산량의 대부분을 차지하던 도미노 슈거 팩토리(Domino Sugar Factory)라는 설탕 공장을 개조한 공원이에요. 1990년대 뉴욕 항구의 공업 중심지 중에서도 손꼽히는 규모를 자랑하던 큰 설탕 공장이었다고 해요. 이 지역의 랜드마크와도 같은 곳이었는데 도시 재생 사업을 거쳐 지금의 공원으로 재탄생한 거죠.

설탕공장을 모티브로 한 재미있는 조형물과 놀이기구도 있고 공원 자체도 무척 예쁘게 조성되어 있지만, 예원엄마가 가장 먼저 발걸음을 향한 곳은 공원 내의 오프리쉬 도그파크에요. 이곳은 도시 안에 조성한 공원답게 아기자기하면서도 깔끔한 느낌의 휴식 공간이었어요.

공원 내에 목줄을 풀고 자유롭게 쉴 수 있는 도그파크가 별도로 있어요. 도심 속 오프리쉬 파크라니, 신기하면서도 부럽죠?

하지만 아쉽게도 로미와 예원엄마는 도크파크에 오래 있지 못했어요. 목줄을 풀고 자유롭게 돌아다니는 큰 댕댕이들이 좀 낯설었거든요. 로미는 주로 집에서 지내는 작은 강아지라서 다른 개들을 만나면 쉽게 적응하지 못해요. 예원엄마도 대형견에 익숙하지 않구요.

이번 여행을 통해 예원엄마는 많은 생각을 하게 되었다고 해요. 사실 한국에서 로미와 하는 외출은 집 근처 산책이 전부였어요. 펫샵 외에는 반려견과 편안하게 돌아다닐 곳이 많지 않은 게 서울의 현실이니까요. 로미는 대부분의 시간을 집에서 보내기 때문에 오래 뛰거나 걷는 것을 힘들어해요. 그러다 보니 외출할 때마다 유모차가 필수가 되고, 더더욱 함께 바깥나들이를 나서는 마음 먹기가 쉽지 않게 되구요.

사회적으로 강아지에 대한 배려가 곳곳에 많아진다면 로미와 예원엄마같은 반려 가족들도 좀 더 적극적으로 용기를 내어 많은 곳을 함께 다녀볼 수 있지 않을까 하는 생각을 해 보았네요.

1 이스트강의 풍광을 바라보는 로미와 예원엄마
2 유모차에 타고 있는 로미
3 강바람을 맞으며 함께 찰칵!

오프리쉬 구역을 나오더라도 목줄을 하거나 유모차에 태운 강아지는 공원 어느 곳이든 함께 할 수 있어요. 로미와 예원엄마도 함께 강바람을 맞으며 이스트강의 풍광을 감상해 보았어요. 브루클린에서 바라보는 뉴욕의 전경도, 윌리엄스버그 브릿지도 정말 근사했답니다! 예원엄마 품에서 로미도 무척 행복해 보이지요?

매디슨 스퀘어 파크
(Madison square park)

Madison square park

- **주소** Madison Ave, New York, NY 10010 미국
- **전화번호** +1 212 520 7600
- **웹사이트** madisonsquarepark.org
- **영업시간** 월~일요일 06:00~24:00

*뉴욕 맨해튼 5번가와 브로드웨이 교차 지점에 있는 규모 6.8에이커의 도시공원

뉴욕에는 유명한 공원들이 많이 있지요. 그중에서도 꼭 소개하고 싶은 곳 중 한 곳은 바로 맨해튼에 위치한 매디슨 스퀘어 파크예요. 미국의 4대 대통령 제임스 매디슨(James Madison)의 이름을 따왔다고 하네요. 댕댕이들은 목줄을 하고 자유롭게 입장이 가능하며 공원 내에 있는 작은 도그런 공간에서는 오프리쉬도 가능해요.

하지만 무엇보다 이곳을 찾은 큰 이유는 바로 그 유명한 '쉑쉑버거' 1호점이 있기 때문이지요!

쉐이크쉑 Shake Shack
- 주소 Madison Ave &, E 23rd St, New York, NY 10010 미국
- 전화번호 +1 212-889-6600
- 영업시간 월~금요일 7:30~23:00 / 토~일요일 8:30~23:00

정확한 이름은 "쉐이크쉑"이지만 한국에서는 일명 '쉑쉑버거'로 유명하죠. 본점이자 1호점이 이 공원에 있다는 사실 알고 계셨나요? 그것도 테이크아웃 전용 매장이랍니다! 실내 매장 없이 줄을 서고 주문을 해서 공원 내 마련된 야외 테이블에서 먹을 수 있게 되어 있어요. 그래서 반려견과 함께 공원을 산책하러 나온 길에 들러 피크닉 기분을 내며 식사를 할 수 있죠.

• 쉐이크쉑의 펫 메뉴 1

크림&비스킷(Pooch-ini)

강아지용 비스킷, 땅콩버터 및 바닐라 커스터드 등으로 구성

• 쉐이크쉑의 펫 메뉴 2

비스킷(Bag O' Bones)

보리, 현미, 오트밀, 검정깨, 소고기, 천연 난각칼슘으로 만든 강아지용 비스킷

펫 메뉴 사진 출처 : 쉐이크쉑 버거 공식 SNS

평소 햄버거를 좋아하는 예원엄마는 뉴욕에 오면 항상 쉐이크쉑 버거를 먹어요. 그런데 이곳에 펫메뉴가 있다는 사실을 알고 깜짝 놀랐어요! 흔하게 볼 수 있는 프랜차이즈 패스트푸드 식당에 반려견 전용 메뉴가 있다니! 하지만 너무 아쉽게도 그날의 펫메뉴 중 메인 메뉴들은 이미 전부 매진되어 주문할 수 없었답니다. 늦게 오면 못 먹을 만큼 인기가 많다는 것은 그만큼 이곳을 찾는 반려견과 견주들이 많다는 이야기겠지요.

다행히 디저트인 펫 전용 아이스크림은 가능하다고 하여 로미를 위해 주문해 봤어요. 로미는 평소 사료만 먹고 간식을 거의 먹지 않았다고 해요. 사료 외의 음식들이 혹시 로미의 건강에 좋지 않을까 걱정한 예원엄마는 사료 말고 다른 음식을 주지 않았거든요. 로미에게 아이스크림은 생애 첫 경험이었지요!

로미와 함께 자리를 잡고 앉은 예원엄마. 주문한 버거와 감자튀김, 밀크셰이크가 한 가득 나왔지만 거들떠보지도 않고 로미의 아이스크림부터 집어 들었어요. 로미에게도 첫 경험이지만 예원엄마에게도 펫 아이스크림이라니, 상상도 해본 적 없는 첫 경험이었거든요. 아이스크림 신세계를 접한 로미의 반응은? 정말 열광적이었죠!

강아지에게 단 아이스크림을 먹여도 되냐구요? 걱정 마세요. 사실 이 아이스크림은 달지 않답니다. 펫 전용 메뉴에는 감미료를 거의 사용하지 않아요. 강아지에게 좋지 않거나 위험한 성분은 없으니 안심하세요.

분위기 있는 가을 공원 산책의 매력은 뭐니 뭐니 해도 테이크아웃 커피 아니겠어요? 햄버거 먹방을 마친 예원엄마, 커피 한잔해야죠! 매디슨 스퀘어 파크 근처에서 친숙한 별다방을 발견한 예원엄마, 뉴욕 스타벅스 커피 향을 즐겨볼 겸 커피를 사 왔답니다. 그런데 이곳에서도 펫 메뉴를 구할 수가 있다네요? 댕댕이들의 음료인 퍼푸치노 Puppuccino는 작은 컵에 강아지가 먹을 수 있는 휘핑크림을 담은 무료 메뉴에요. 견주가 메뉴를 주문하고 퍼푸치노를 요청하면 테이크 아웃으로만 제공해 준다고 합니다.

사실 예원엄마는 퍼푸치노가 무료인 줄 몰랐어요! 스타벅스에서 퍼푸치노를 구할 수 있다는 말에, 커피와 퍼푸치노를 함께 주문했거든요. 나중에 영수증을 보고서야 퍼푸치노가 무료 메뉴라는 것을 알았지요. 로미와 커피를 함께 할 수 있다는 것만으로도 무척 기뻤는데, 커피를 마시면 반려견 메뉴가 따라 나온다니! 로미야, 우리 뉴욕에서 살까? 라는 말이 절로 나왔답니다.

"한국에서는 동물병원이나 펫샵 말고 강아지를 위한 음식을 살 수 있는 곳이 있다는 걸 상상해본 적 없어요. 저한테는 문화 충격이었어요. 사료 말고 로미 음식을 사 본 건 처음이에요. 로미가 아이스크림도 퍼푸치노도 정말 잘 먹어서 너무 행복했어요. 공원도, 햄버거도, 커피도 완벽했어요!"

윌리엄 세콜드 갤러리
(William Secord Gallery, Inc.)

William Secord Gallery, Inc.

📍 **주소** 4th floor, 29 W 15th St, New York, NY 10011 미국

📞 **전화번호** +1 212-249-0075

🔽 **웹사이트** www.dogpainting.com

*19세기~ 21세기의 개와 동물 그림을 전문으로 전시하는 갤러리

뉴욕에 올 때마다 예원엄마는 미술관 가는 걸 무척 좋아한다고 해요. 로미와 함께 한 이번 뉴욕 여행에서, 조금 특별한 미술관을 찾아가 보았어요. 첼시에 위치한 윌리엄 세콜드 갤러리 William Secord Gallery, Inc.를 소개해 드릴게요.

윌리엄 세콜드는 이 갤러리의 관장님 이름이에요. 한국에서 온 로미와 예원엄마를 위해 친절히 안내를 해 주셨어요. 이곳은 뉴욕에 하나뿐인 강아지 그림 전문 갤러리로, 19세기부터 21세기까지의 강아지 그림을 전시하고 판매도 한답니다. 특히 미국에서 19세기 강아지 그림을 판매, 전시하는 곳은 이곳뿐이라네요.

뉴욕 사람들에게 강아지는 가족의 일원으로 여기는 정말 중요한 존재예요. 사람들이 강아지에게 투자하는 비용만 봐도 알 수 있죠. 이곳의 몇몇 그림은 정말 고가에요. 화가에 따라서 차이는 있지만 많게는 2천만 원까지 하는 강아지 그림도 있답니다. 갤러리 관장님 이야기를 들어볼까요?

"강아지를 좋아하는 뉴요커들은 아름다운 강아지 그림을 갖고 싶어 합니다. 현재 살아있는 강아지를 그림으로 남기거나 기르는 강아지의 조상이 되는 19세기의 강아지 그림을 수집하기도 하지요."

PART3. 뉴욕 | 105

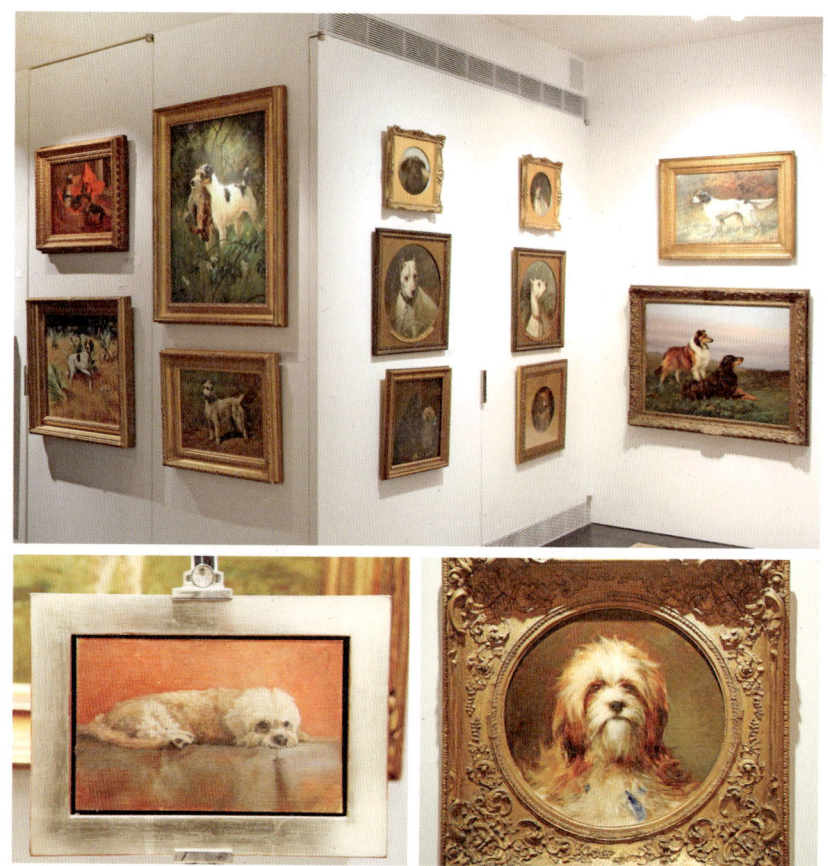

너무나 사랑스러운 강아지 그림에 반해 한 작품 정도 사볼까 했던 예원엄마는 그림 가격을 듣고 깜짝 놀라고 말았지요. 로미야, 엄마가 집에 가서 그려줄게.

그림을 사지는 않았지만 로미와 함께 한 갤러리 방문, 색다른 체험이었네요. 뉴욕에 오는 댕댕가족 여러분도 반려견과 함께 하는 문화생활을 즐겨보세요!

뉴욕 쇼핑 투어

맨해튼은 생각보다 많이 크지 않아요. 교통체증도 심하구요. 하루 정도는 여유를 가지고 뉴요커처럼 거리를 걸으며 쇼핑을 해 보시는 건 어때요? 댕댕가족들을 위해 추천하는 댕댕트립 뉴욕 쇼핑! 첫 번째 경로는 펫샵 바킹 주에서 출발합니다.

🛒 뉴욕 쇼핑 투어 추천경로

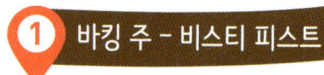

🛒 뉴욕 쇼핑 투어 추천경로
📍2 비스티 피스트 - 아티스트 플리

두 번째 펫샵 비스티 피스트에서 이어지는 경로는 첼시 마켓에 위치한 아티스트 플리에요. 댕댕이를 위한 쇼핑을 했으니 이번엔 나를 위한 시간도 잠시 가져볼까요? 물론 사랑스러운 댕댕이와 함께 하는 거죠!

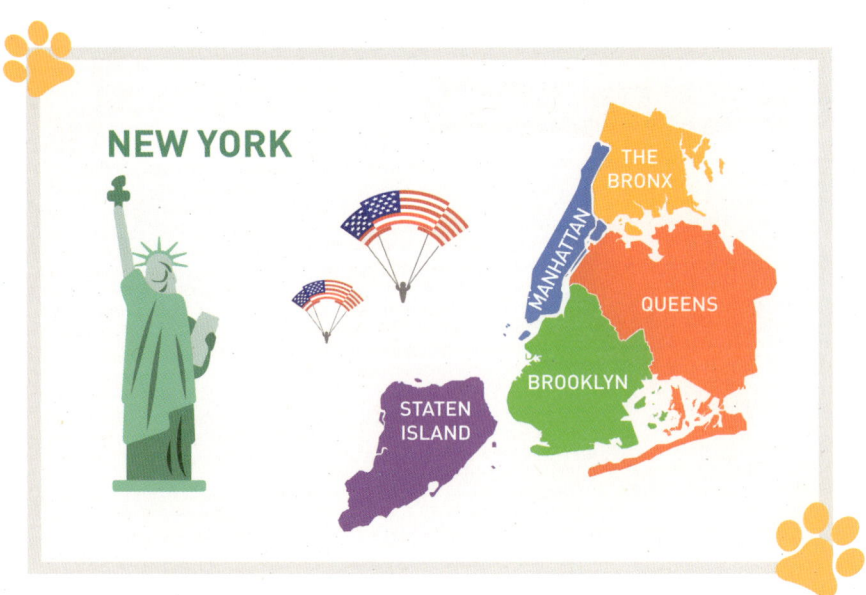

뉴욕 시는 5개의 구(boroughs)로 이루어져 있어요. 우리가 흔히 "뉴욕"이라고 하면 떠오르는 이미지는 사실 대부분 맨해튼이라고 생각하시면 돼요. 시의 중심부이기도 하고, 월 스트리트와 브로드웨이가 모두 맨해튼에 위치하고 있거든요. 다른 구에 비해 면적은 작지만 가장 번화하고 볼거리, 즐길 거리가 많은 곳이기 때문에 맨해튼 여행자들은 걷거나 대중교통을 많이 이용하죠.

맨해튼에 왔다면 거리 구경과 쇼핑은 필수겠죠? 온종일 도심 속을 걸어다녀도 절대 지루하지 않다는 사실! 그리고 워낙 영화나 드라마의 배경으로 많이 나오는 도시라서, 처음 와 보더라도 어? 많이 본 곳인데? 많이 들어본 이름인데? 싶은 장소가 곳곳에 널려 있답니다.

하루 정도 여유 있게 맨해튼 구경도 하고 쇼핑도 할 겸, 댕댕이와 함께 가볼 만한 샵들을 소개합니다. 첫 번째는 유머와 센스가 넘치는 펫샵 바킹주 Barking zoo에요!

바킹 주(펫샵) (Barking zoo)

Barking zoo

📍 **주소** New York, NY 10011 b/t 21st St & 20th St / Chelsea
☎ **전화번호** +1 212-255-0658
⏱ **영업시간** 월~금요일 11:00~20:00 / 토요일 10:00~18:00 / 일요일 12:00~17:00

바킹 주 Barking zoo는 첼시 지역에 있는 아담한 펫샵이에요. 모든 견주들이 그렇겠지만 예원엄마도 들어오는 순간부터 로미 옷을 고르느라 정신이 없었답니다. 뉴욕 펫샵 바킹 주의 특징이라면, 규모가 크지는 않지만, 아기자기하고 예쁜 물건이 가득한 매장이에요. 간식과 용품들이 트렌디하면서도 세련된, 뭔가 뉴욕다운 느낌이랄까요? 뉴욕다운 느낌이 뭐냐구요? 음… 살짝 구경해 보실래요?

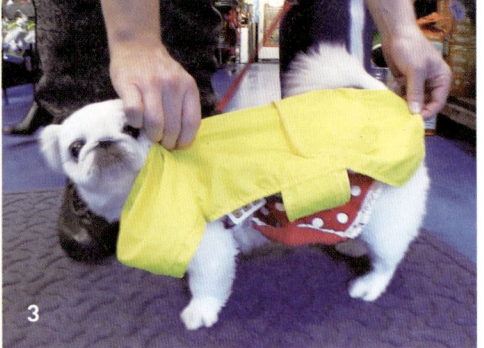

1 바킹 주의 내부 모습
2 로미 옷을 고르는 예원엄마
3 로미에게 어울리는 옷 대보기

강아지 맥주, 고양이 와인... 보는 것만으로도 유쾌해지죠? 설마 진짜 알코올 성분이 들었을 거라 생각하시지는 마시구요. 강아지 와인은 반려동물들의 건강에 이로운 연어 기름, 허브 등이 들어있는 수분 보충용 음료에요. 강아지 맥주 역시 보리 추출물과 고기 향미료 등이 들어간 안전한 영양 보충 음료수랍니다.

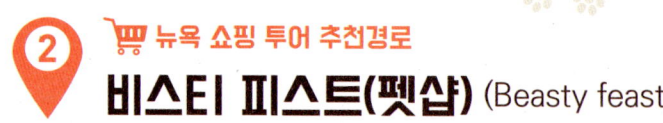

뉴욕 쇼핑 투어 추천경로

② 비스티 피스트(펫샵) (Beasty feast)

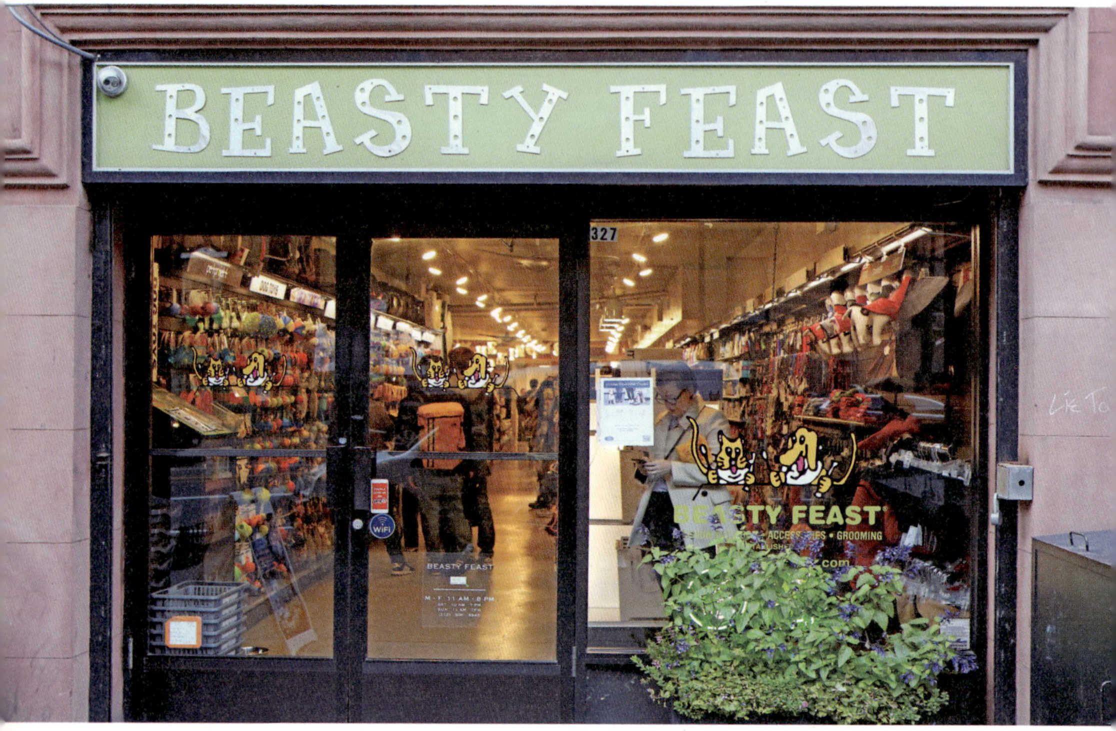

Beasty feast

주소 327 West 14 Street New York, NY 10014

전화번호 (212) 300-4346

웹사이트 www.beastyfeast.com

영업시간 매주 수요일 휴무 / 월, 화, 목, 금 토요일 11:00~20:00 / 일요일 11:00~19:00

*유기농 사료, 간식 등이 주를 이룬 펫샵계의 유기농마트

뉴욕을 방문하는 댕댕가족들을 위한 로미와 예원엄마의 뉴욕 펫샵 투어! 그 두 번째 샵은 맨해튼에 위치한 비스티 피스트에요. 뉴욕 매거진에서 추천한 좋은 펫샵 중 한 곳이라고 하네요. 바킹 주에서 600m 정도 떨어진 거리니까, 걸어서 8분 정도면 갈 수 있어요.

예원엄마가 이곳을 찾은 건 다른 댕댕트립 가족들을 위한 선물을 고르기 위해서였어요. 마누네와 샌디&컬리네 가족들도 다른 지역을 여행하고 있었거든요. 로미네가 대표로 뉴욕에 왔으니, 뉴욕 스타일의 애견용품을 골라 볼까요?

펫샵에 이런 곳이? 비스티 피스트는 쇼핑을 따라온 댕댕이들을 위한 실내 놀이터가 있어요. 마치 우리나라에서 마트 안에 있는 키즈 존을 연상시키죠? 어디든 함께 하는 댕댕이들을 위한 비스티 피스트의 배려!

특히 비스티 피스트는 유기농 사료와 간식이 유명해요. 예원엄마는 간식 종류가 이렇게나 다양하다니 감탄을 금치 못했답니다. 댕댕가족들도 궁금하시다구요? 비스티 피스트는 오프라인 매장 외에 온라인 쇼핑몰도 운영하고 있으니 살짝 구경해 보시는 것도 괜찮겠네요.

③ 뉴욕 쇼핑 투어 추천경로
아티스트 플리 (Artist fleas)

Artist fleas

- 주소 88 10th Ave @ W. 15th Street
- 전화번호 +1 917-488-0044
- 영업시간 월~토요일 10:00~21:00
  일요일 10:00~20:00

*첼시마켓 내에 있는 샵으로 의류, 액세서리 등 다양한 상품을 판매

반려견과 여행이라고 해서 나를 위한 쇼핑을 전혀 하지 않는다면 조금 아쉬워할 수도 있는 댕댕가족들을 위해 살짝 소개합니다. 첼시 마켓 안에 있는 사랑스러운 샵이에요.

첼시 마켓은 못 쓰게 된 공장들 자리에 만들어진 일종의 대형 쇼핑몰이에요. 빌딩 안으로 들어서면 통로 양쪽으로 매장들이 빽빽하게 들어서 있지요. 첼시 마켓은 빵, 와인, 이국적인 음식들, 다양한 소품들이 가득한 마켓으로 유명해요. 뉴욕여행 필수코스 중에 하나라고 할 수 있죠. 식당이 모여 있는 몰에는 반려견 입장이 불가능하지만, 바깥의 의류 쇼핑몰들은 강아지와 함께 돌아볼 수 있어요.

아티스트 플리에서 예원엄마는 친구들에게 줄 선물과 여러 가지 기념품 등을 사며 즐거운 쇼핑을 했어요. 로미를 데리고 자신의 쇼핑을 해 보는 것이 처음이라 굉장히 신선했다고 하네요. 처음엔 어색했지만, 매장의 직원들과 다른 손님들이 로미를 보고 예뻐해 줘서 기분까지 으쓱해졌답니다.

우리나라에서도 요즘 조금씩 생기고는 있지만, 반려견과 함께할 수 있는 쇼핑이라는 것이 아직은 낯설게 느껴지잖아요. 샵 안에서도, 마켓 주변에서도 반려견을 데리고 다니는 많은 뉴요커들을 보면서 반려견과 함께 하는 일상이 자연스럽게 느껴지는 순간이었어요.

하츠데일 펫 세메터리
(반려동물 공동묘지)
(Hartsdale pet cemetery)

🐾 Hartsdale pet cemetery

- 📍 **주소** 100 N Washington Ave, Hartsdale, NY 10530 미국
- ☎ **전화번호** +1 914-949-2583
- 💻 **웹사이트** petcem.com
- ⏱ **영업시간** 월~토요일 8:00~16:30 / 일요일 9:30~16:00

*1896년에 설립한 세계에서 가장 오래된 반려동물 전용 묘지
*2012년 동물 묘지로는 처음으로 미국 국립사적지(NRHP)로 선정

이번에는 좀 특별한 곳을 소개해 드릴까 해요. 여기는 맨해튼 중심부에서 차로 한 시간가량 걸리는 곳입니다. 오는 길의 나무와 하늘이 너무나 예쁘지요. 여기는 미국의 반려동물 장례문화를 대표하는 펫 메모리얼 파크에요. 2만 개의 비석이 있다고 하니 그 수도 놀랍지만, 90여 년 전의 반려동물 비석까지 찾아볼 수 있는 오랜 역사의 반려동물 공동묘지에요.

관리인 아저씨에게 이곳의 유래를 들어 보았어요. 1896년 맨해튼에서 살던 한 여성이 자신의 반려견이 죽은 후 이 아이의 사체가 어찌 되는지 물어보았대요. 수의사는 "그냥 일반 쓰레기와 같이 버려진다."고 말했고 그 여성은 너무너무 속상해했죠. 슬퍼하던 견주에게 수의사는 하츠데일에 있는 자신의 사유지 별장에 매장할 수 있게 했고, 그것이 시작이 되어 지금의 하츠데일 펫 세메터리가 탄생하였다네요. 수많은 반려가족들이 연락을 해왔고, 법적인 통과를 거쳐 120년의 전통을 지키는 특별한 공동묘지가 된 거예요. 덕분에 지금까지도 많은 사람이 이곳을 찾으며 이별의 슬픔을 추억으로 극복할 수 있는 거겠죠.

너 없는 세상은 천국이 아니다

To. DAKOTA MAXIMUS
CHELSEA BALEY

우릴 사랑하고 축복하기 위해
신이 주신 진정한 선물
널 언제까지나 사랑한단다

To. MAGIC

사랑한다는 말보다 더 사랑해

To. LADDIE

우린 네가 너무 그립다
우린 널 영원히 사랑한단다
영원히....

To. CSINBABA

모두에게 헌신적이었던 친구
너는 우리 마음속에서 영원할 거야

To. BRANDY

> "어떤 할머니가 비석을 어루만지며 추모를 하고 계시더라구요. 비석을 보니까 무려 30년 전에 죽은 강아지예요. 정말 충격이었어요. 나는 애견인이라고 할 자격도 없구나. 내가 이렇게 할 수 있을까, 내가 죽을 때까지 이 아이를 생각하면서 끝까지 함께 할 수 있을까. 하루하루 나 살기도 바쁜데 수십 년 전에 죽은 강아지를 기념하러 매년 오는 사람들, 이건 정말 쉬운 일이 아니구나 라는 생각을 했어요. '앞으로 진짜 애견인의 한사람으로 한 걸음 한걸음 발걸음을 내딛는 노력을 해야지'라는 생각이 들어요."

현재 미국엔 약 800여 곳의 반려동물 공동묘지가 있대요. 정부 예산과 비영리단체의 기부금으로 운영되는데, 매년 시설과 면허에 대한 점검은 필수라고 합니다. 보호자의 슬픔을 위로하고 심리적 안정을 되찾는데 큰 역할을 하는 미국의 반려동물 장례문화를 알 수 있는 대목이지요.

미국의 선진화 된 장례문화는 체계적으로 관리된 사후 시스템에서 뿐 아니라, 반려동물의 사전, 사후에 보호자들을 위한 것들에서도 볼 수 있는데요, 슬픔을 극복할 수 있도록 심리상담이나 모임 등 다양한 프로그램들이 운영되고 있다고 합니다.

사람도 그렇듯이 모든 강아지들은 언젠가는 무지개 다리를 건너게 되죠. 물론 생각만 해도 슬픈 일이지만, 언젠가 겪어야 할 일이라면 그 슬픔을 잘 극복하고 마음에 묻어 둘 수 있도록 준비해놓는 것도 반드시 필요한 일이라는 생각이 들게 하는 곳이었어요.

Korean K9 Rescue
(유기견 구조센터)
(Korean K9 Rescue)

🐾 **Korean K9 Rescue**

📍 **주소** P.O. Box 1092 Long Island City, NY 11101

✉️ **연락처** info@koreank9rescue.org

🔽 **웹사이트** www.koreank9rescue.org

*한국의 식용견, 믹스견, 유기견 등을 구조해 미국으로 입양시키는 비영리단체. 토론토, 뉴욕, 애틀란타, 밴쿠버, 시애틀, 로스앤젤레스 및 워싱턴 DC에 지부가 있으며 지부에서 30마일 이내 지역에 거주하는 사람들에게 개들을 입양한다.

댕댕이와 함께하는 특별한 여행, 좀 의미 있는 시간도 가져보고 싶지 않으세요? 예원엄마와 로미가 뉴욕의 한인 라디오 방송을 방문했을 때 추천받은 유기견 구조센터입니다. 뉴욕에서 조금 떨어진 롱아일랜드 시티에 있어요.

'이름에 왜 KOREAN이 들어갈까?' 했는데 설명을 듣고 알게 되었어요. 이 단체는 한국의 유기견이나 식용 농장의 개들을 구조해 미국으로 입양시키는 일을 한다고 해요. 한국에서 입양이 되지 않아 미국까지 와서 입양을 시킨다는 사실이 좀 놀라웠죠. 한국에서는 많은 사람이 돈을 주고 강아지를 사니까요. 미국에서는 거의 다 입양을 한다고 해요. 한국에서 버림받거나 위기에 처한 강아지들을 이 먼 곳에 있는 사람들이 구출해주고 새로운 가족을 찾아준다는 사실이 좀 부끄럽기도 했어요.

많은 사람이 유기견 구조에 관심을 두고 도움의 손길을 내민다면 우리에게도 좋은 반려가족 문화가 자리 잡는 날이 오겠죠?
짧은 시간이었지만, 예원엄마도 이곳의 강아지를 목욕시켜 주고 입양 과정을 간접적으로 체험해 보았어요. 마침 강아지를 입양하러 온 한국 교포 가족을 만나 마음이 따뜻해지기도 했답니다.

보리스 앤 호튼 (애견카페)
(BORIS & HORTON)

🐾 BORIS & HORTON

📍 **주소** 195 Avenue A, New York, NY 10009 미국

☎ **전화번호** +1 212-510-8986

💻 **웹사이트** borisandhorton.com

⏰ **영업시간** 월~금요일 7:00~20:00 / 토~일요일 8:00~20:00

뉴욕 이스트빌리지에는 애견인들의 핫 플레이스가 있어요. 보리스 앤 호튼이라는 카페에요. 미국의 애견 카페는 어떤 분위기일지 궁금하시죠?

안으로 들어가면 구역이 나누어져 있어요. 한쪽 작은 공간은 강아지 출입이 불가한 일반 카페이고, 다른 공간은 안에서 목줄을 하지 않아도 되는 애견 카페랍니다. 따뜻한 뉴욕의 햇살을 받으며 반려견과 커피나 브런치를 함께 하는 사람들로 늘 북적이죠.

예원엄마는 뉴욕의 애견카페라는 말을 듣고 호기심이 생기긴 했어요. 한국에도 애견카페는 있잖아요. 한국과 어떻게 다를지 궁금했거든요. 하지만 뉴욕에는 워낙 펫 프랜들리한 곳이 많다 보니 막상 와 본 애견카페는 뭔가 특별한 거 같지는 않더라구요. 그러고 보니 뉴욕에는 애견카페를 찾아보기가 힘들어요. 강아지와 함께할 수 있는 곳이 워낙 많아서 오히려 애견카페가 큰 의미가 없는 거죠. 이곳 역시 애견카페라기보다는 애견인들의 아지트 같은 역할을 더 많이 하는 곳이에요.

이 카페에서는 강아지들을 위한 간식과 베이커리는 물론, 애견용품도 살 수 있어요. 그리고 정기적으로 반려견 분양과 입양을 위한 다채로운 행사가 진행된다고 해요. 소통과 나눔이 있는 펫 커뮤니티 센터라고 하는 게 더 정확하겠네요.

예원엄마도 이곳에서 특별한 친구를 만났답니다. 인스타그램에서 유명한 강아지 '찰리'와 찰리의 엄마를 만나 짧지만 즐거운 대화를 했어요. 서로 강아지 사진 찍는 팁도 공유하고, 강아지들끼리 인사도 하구요.

반려견과 뉴욕에 간다면 이곳에 들러 미국 댕댕이 친구를 만들어 주시는 건 어때요?

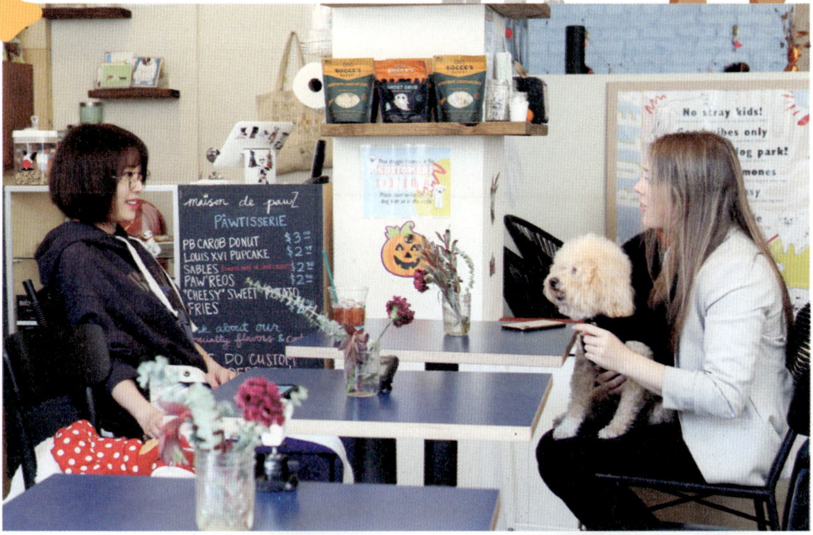
maison de pawZ
PAWTISSERIE
PB CAROB DONUT
LOUIS XVI PUPCAKE
SABLES
PAW'REOS
"CHEESY" SWEET POTATO
FRIES
No stray kids!

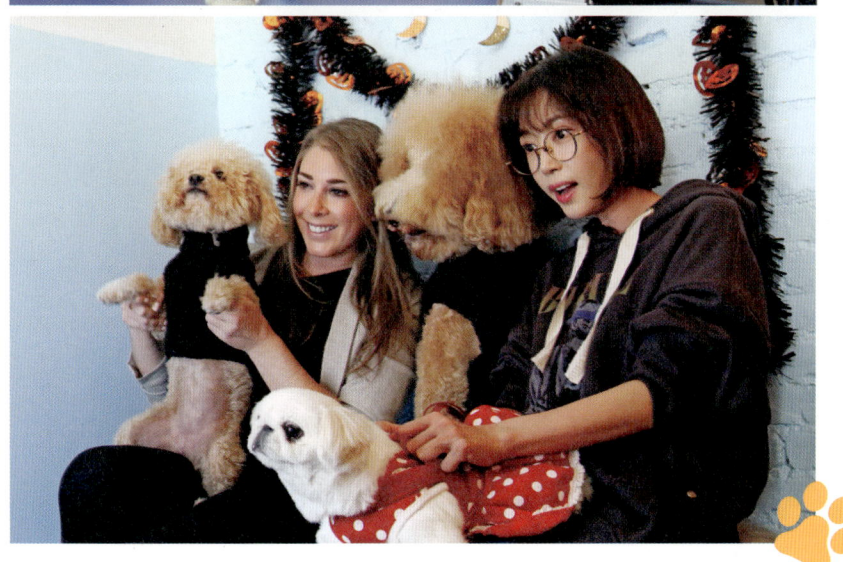

매치 65 (브런치 레스토랑)
(Match 65 Brasserie)

Match 65 Brasserie
- **주소** 29 East 65th Street, New York, NY 10065 미국
- **전화번호** +1 212-737-4400
- **영업시간** 월~일요일 9:30~23:00

*Patio(야외테이블)에서 강아지와 함께 식사가 가능한 브런치 레스토랑

뉴욕에서 반드시 해 봐야 할 것을 하나 꼽으라면? 바로 브런치죠! 맑고 쾌적한 날에 야외 테이블에서 즐기는 브런치! 반려견과 함께 즐길 수 있는 뉴욕의 브런치 레스토랑을 하나 소개합니다.

이곳을 방문한 날은 일부러 아침에 서두르지 않았어요. 로미와 함께 침대에서 뒹굴며 꾸물대다가 천천히 나왔지요. 여행에서 하루쯤은 게으름도 실컷 피우고 여유를 느껴보고 싶었거든요. 천천히 나와 자리를 잡고 앉으니 배가 무척 고파진 예원엄마는 메뉴를 두 개나 시켰답니다.

이곳의 음식은 버거, 오믈렛, 파스타, 감자칩 같은 평범한 미국식 메뉴들이에요. 하지만 이곳의 매력은 바로 파티오(야외테이블)에서 반려견과 함께 식사가 가능한 맨해튼 한복판의 레스토랑이라는 거죠. 로미와 예원엄마가 식사를 하는 내내 많은 뉴요커 댕댕 가족들이 식사를 하러 오더라구요. 반려견과 와서 편안하게 먹을 수 있는 브런치, 소소하지만 확실한 행복이죠!

센트럴 파크 (Central Park)

Central Park

- **주소** 59th-110th St.(between 5th Ave. & Central Park W.)
- **전화번호** +1 212 310 6600
- **영업시간** 연중무휴, 6:00~익일 1:00

*1857년에 개원한 센트럴 파크는 세계적 관광명소이기도 하여 연간 약 4000만 명이 방문하는 것으로 추산된다.

뉴욕 하면 많은 사람이 떠올리는 곳, 바로 이곳입니다! 센트럴 파크는 셀 수도 없이 많은 영화와 드라마에서 볼 수 있죠. 뉴욕의 상징이자 연간 4천만 명에 달하는 사람들이 방문하는 대표적인 도심 공원이에요. 인공 호수, 연못, 동물원, 산책로, 넓은 숲… 하루종일 휴식을 취하거나 산책을 할 수 있죠. 야생동물 보호구역과 아이스링크도 있고 야외 원형극장이 있어서 가족들이 놀러 나오기도 무척 좋은 곳이에요. 공원 곳곳에서 강아지와 산책 나온 뉴요커들을 쉽게 볼 수 있어요.

이 공원에는 50만 그루가 넘는 나무가 있대요. 그래서 '뉴욕의 허파'라고도 하지요. 도심 한가운데에 이렇게 넓은 자연공원이라니, 정말 근사하죠? 반려견과 함께 몸도 마음도 개운해지는 것을 느껴보세요. 센트럴 파크는 반려견의 입마개나 줄에 대한 규정은 따로 없어요. 오프리쉬 타임이라는 게 있는데, 아침 6시부터 9시까지와 밤 9시부터 새벽 1시까지 이때는 공원 전체에서 줄을 매지 않고 강아지를 풀어 놓을 수 있답니다.

센트럴 파크에서 로미와 예원엄마는 좀 특별한 경험을 했답니다. 바로 '도가(Dog Yoga)'라는 것인데요! 강아지와 함께 하는 요가에요.
강아지와의 스킨십을 통해 견주와 반려견의 유대감을 높여주고, 정서 안정에 도움이 된다고 해요. 요가 학원처럼 도가를 하는 센터가 있어서 강아지랑 함께 찾아가서 할 수도 있지만, 이렇게 원하는 장소에서 할 수도 있어요. 도가 사이트나 어플을 통해 수업을 신청하면 선생님과 약속을 잡을 수 있지요.

센트럴 파크 잔디밭에서 휴식 중인 뉴요커 댕댕가족들과 함께 도가에 도전해 보았답니다. 도가는 동작의 완벽함보다는 교감이 더 중요해요. 예원엄마가 요가는 좀 서툴렀지만, 로미와 심장을 맞닿으며 더 깊은 교감을 나누는 시간이었다고 하네요.

> 전 사실 센트럴 파크를 처음 온 게 아니에요. 여러 번 왔던 좋아하는 장소인데, 오늘 로미랑 같이 오니까 강아지만 보이더라구요! 큰 개도 있고 작은 개도 있고… 사람은 하나도 안 보이고 강아지가 중심이 된 거죠. 그 순간 아~이번 뉴욕 여행은 진짜로 로미와 함께 온 여행이구나, 완벽하게 느껴졌어요.

케이나인 그루밍샵
(Canine Retreat by AKC)

Canine Retreat by AKC

📍 **주소** 610-620 West 42nd St New York, NY 10036

📞 **전화번호** (212) 696-8364

▼ **웹사이트** akccanineretreat.com

💲 **가격** 전신 목욕 : 50$ / 털관리 : 85$ /
발톱깎기, 귀청소, 항문관리, 빗질 등 : 각 20$

*데이케어, 도그워크, 그루밍 등 애견을 위한 전반적인 관리, 훈련 등을 한다.
광견병 접종 증명서가 있어야 서비스 가능

뉴욕의 그루밍샵을 소개합니다! 이곳은 130년 역사를 자랑하는 애견 교육기관 미국컨넬클럽 American Kennel Club(AKC)이 운영하는 그루밍샵이에요. 미국컨넬클럽은 1884년에 설립된 비영리기관으로, 사람과 개의 관계를 발전시키는 것을 목표로 하는 애견 협회랍니다. 혈통서가 있는 반려견들의 등록을 받아 관리하고, 다양한 도그쇼와 행사를 개최하기도 해요. 반려인들을 위한 유익한 정보를 제공하고 반려견들을 위한 후원과 연구를 하고 있기도 하지요.

로미와 예원엄마가 방문한 곳은 맨해튼에서 뉴저지로 넘어갈 수 있는 링컨 터널 근처에 위치한 West 42지점이었는데요. 이곳 말고도 첼시, 어퍼맨해튼 등 뉴욕 안에 7개의 지점이 있답니다. 어딜 가든 같은 서비스가 가능해요.

이곳은 그루밍 뿐만 아니라 데이케어와 산책시키기, 훈련 등 반려견과 관련한 전반적인 서비스가 모두 가능해요. 혹시 여행 중 필요한 상황이 있다면 데이케어 서비스를 받을 수도 있어요.

로미는 하얗고 깔끔한 털이 매력 포인트 중 하나라서 (모든 댕댕가족들이 그렇겠지만 예원엄마 눈에는 특히 매력적이랍니다.) 한국에서도 정기적으로 그루밍을 받아요. 이 날은 로미가 새로운 친구를 만날 예정이었기 때문에 특히 예쁘게 해주고 싶었다네요. 그루밍 하고 나온 로미, 더 예뻐졌죠?

Canine Retreat by AKC 뉴욕 內
다른 지점 정보

① West 72 지점

- 📍 **주소** 105 West 72nd StreetNew York, NY 10023
- ☎ **전화번호** +1 212-362-7387
- ✉ **이메일** w72@akccanineretreat.com
- ⏱ **영업시간** 월~금요일 7:00~21:00
  토요일 9:00~18:00
  일요일 10:00~18:00

② West 57 지점

- 📍 **주소** 645 West 57th StreetNew York, NY 10019
- ☎ **전화번호** +1 212-301-6880
- ✉ **이메일** w57@akccanineretreat.com
- ⏱ **영업시간** 월~금요일 7:00~21:00
  토, 일요일 10:00~17:00

③ SKY 지점

- 📍 **주소** 605 West 42nd StreetNew York, NY 10036
- ☎ **전화번호** +1 646-767-4199
- ✉ **이메일** west42@akccanineretreat.com
- ⏱ **영업시간** 월~금요일 7:00~21:00
  주말 휴무

④ East 60 지점

- 📍 **주소** 1105 1st AvenueNew York, NY 10065
- ☎ **전화번호** +1 212-317-1222
- ✉ **이메일** e60@akccanineretreat.com
- ⏱ **영업시간** 월~금요일 7:00~20:30
  토,일요일 8:30~18:00

⑤ Chelsea 지점

- 📍 **주소** 145 W 20th StreetNew York, NY 10011
- ☎ **전화번호** +1 212-366-0999
- ✉ **이메일** chelsea@akccanineretreat.com
- ⏱ **영업시간** 월~금요일 7:00~21:00
  토요일 9:00~18:00
  일요일 10:00~18:00

⑥ Tribeca 지점

- 📍 **주소** 21 Murray StreetNew York, NY 10007
- ☎ **전화번호** +1 212-374-6900
- ✉ **이메일** tribeca@akccanineretreat.com
- ⏱ **영업시간** 월~금요일 7:00~21:00
  토요일 9:00~18:00
  일요일 10:00~18:00

PART 4

LA

🐾 샌디&컬리 여행

🐾 샌디&컬리 여행 루트

헌팅턴 도그 비치 142

LA 숙소 146

저스트 푸드 포 도그 150

도그 베이커리 154

핑크스 핫도그 158

고든 램지 피시 앤 칩스 176

서커스 서커스 호텔 캠핑장 174

캠핑카 여행 170

레이지 도그 164

밸리 웰스 휴게소 162

그랜드 캐니언 180

버드하우스 188

방울뱀 계곡 192

홀스슈 밴드 196

페이지 캠핑장 200

솔트레이크시티 동물병원 209

펫 스마트 207

메모리 그로브 파크 204

빅 존스 텍사스 비비큐 202

헌팅턴 도그 비치
(Huntington Dog Beach)

Huntington Dog Beach

📍 **주소** 100 Goldenwest St F, Huntington Beach, CA 92648
☎ **전화번호** +1 714-841-8644
💻 **웹사이트** www.dogbeach.org

*캘리포니아 오렌지카운티 최고의 도그 파크&비치로 선정된 바닷가로 해변 길이는 약 1.5마일 (2.4km)이다.

출처: www.cityweekly.net/BuzzBlog

LA에 도착한 샌디&컬리! 오랜 비행에 피곤했지만, 호텔보다 먼저 향한 곳이 있었어요. 로스앤젤레스 국제공항에서 차로 1시간 반쯤 떨어진 헌팅턴비치입니다.

이곳이 눈에 익으시다구요? 헌팅턴비치는 예전에 드라마 〈상속자들〉의 배경으로 나왔던 곳이에요. 주인공들이 처음 마주치게 되는 근사한 캘리포니아의 해변이었죠. 하지만 진짜 헌팅턴비치의 매력은 바로 오프리쉬 도그 비치가 있다는 것이랍니다! 전체 해변의 ¼정도를 별도의 댕댕이 전용 비치로 마련해 놓았어요.

헌팅턴 도그 비치에서는 매년 개 서핑 대회(Surf City Surf Dog), 강아지 결혼식 등 재미있고 다양한 강아지 관련 이벤트가 열려요. 캘리포니아 뿐만이 아니라 전 세계에서 서핑대회를 찾아오는 댕댕가족들이 있을 정도로 유명한 해변이라네요. 도그 비치는 어두워질 때까지 개방하며, 공공화장실, 주차장, 피크닉 테이블이 있는 잔디밭, 강아지 쓰레기봉투 등이 비치돼 있지요. 멀리서 보아도 다른 해변과 구분이 되는데, 서핑이나 해수욕을 하는 사람보다 반려견들에게 공을 던져주거나 함께 뛰어노는 사람들이 더 많아요.

이곳을 찾은 샌디와 컬리는 태어나서 처음으로 바다를 보았어요. 목줄이나 입마개 없이 대형견들이 신나게 뛰어노는 것을 보고 처음에는 조금 겁을 냈지요. 하지만 해변을 따라 조금씩 돌아다니다 보니 어느새 신나게 뛰며 놀게 되었답니다. 자유로운 강아지들과 평화로운 해변, 샌디와 컬리의 첫 번째 여행 장소 점수는 백 점이었다고 하네요!

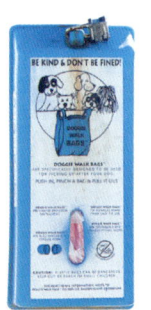 

* 해변 곳곳에 비치해 놓은 강아지 전용 배변 봉투를 쉽게 찾아볼 수 있어요.

다들 아시다시피 바닷물은 짜서 마실 수 없어요. 샌디와 컬리는 난생처음 보는 바다에 흥분해 물을 맛보았다가 깜짝 놀랐답니다. 댕댕이 물과 간식을 챙겨가는 센스 잊지 마시구요. 그리고 여분의 물을 넉넉히 가져가면 댕댕이들이 놀고 난 후 차를 태우기 전 간단하게라도 씻길 수 있어서 좋아요.

출처: www.sfgate.com

 **숙소 정보** LA

LA의 펫 프렌들리 숙소
퀸 메리 호텔 (The Queen Mary)

🐾 **The Queen Mary**

📍 **주소** 1126 Queens Hwy, Long Beach, CA 90802

📞 **전화번호** +1 877-342-0738

🌐 **웹사이트** www.queenmary.com

*지금은 운행하지 않는 호화 여객선을 개조해 만든 호텔

출처: www.eseanetwork.org

댕댕트립 로스앤젤레스 첫날의 숙소는 어딘지 궁금하시죠? 바로 바다 위에 떠 있는 호텔, 로스앤젤레스 퀸 메리호 Queen Mary in Los Angeles 입니다!

이 배는 1936년에 영국의 사우샘프턴(Southampton)에서 첫 출항을 시작했어요. 대서양을 횡단하는 호화 크루즈였죠. 총 5개의 레스토랑과 라운지, 2개의 칵테일바, 수영장, 스쿼시 코트, 작은 병원까지 갖춘 바다 위의 호텔이었답니다. 2차 세계대전 때에는 1만 5천 명의 군인을 태운 병력 수송선으로 사용하기도 했대요.

하지만 시간이 지나면서 항공 산업에 밀린 퀸 메리 호는 1967년의 1001번째 대서양 횡단 항해를 끝으로 이곳 롱비치 해변에 마지막 정박을 했어요. 그리고 내외부의 개조를 거쳐 지금의 호텔이 되었지요. 347개의 객실과 고급 레스토랑, 와인바, 결혼식장 등을 갖춘 이 호텔은 일년 내내 비수기, 성수기를 가리지 않는 캘리포니아의 아이콘이 되었답니다. 헌팅턴비치와 로스앤젤레스 국제공항 가운데쯤에 위치한 롱비치 항에 있어요.

20세기 초의 호화 여객선답게 당시의 느낌이 물씬 나는 내부 인테리어가 무척 고풍스러워요. 현대식으로 개보수를 했지만, 당시 여객선의 모습을 그대로 지금까지 유지하고 있는 것이 많거든요. 관광객들은 가이드 투어나 전시회를 통해 퀸 메리 호의 역사를 더 돌아볼 수 있어요. 그리고 무료 요가 수업이나 스파와 마사지 서비스도 받을 수 있답니다.

이런 엄청난 호텔에, 샌디와 컬리가 함께 갈 수 있다는 사실! 퀸 메리 호는 반려견 동반을 환영하는 펫 프렌들리 호텔이에요.

샌디&컬리네가 묵은 퀸엘리자베스 스위트룸 객실 내부

이 호텔은 영국의 엘리자베스 여왕, 존 F. 케네디 미국 전 대통령, 배우 오드리 헵번 등 많은 유명 인사들이 거쳐 가서 더 유명해요. 샌디&컬리네 가족이 묵은 이 방도 보통 방이 아닌 거 같죠?

스릴있는 탐험을 좋아하시는 댕댕가족에게 추천하는
퀸 메리 호의 어트랙션 프로그램!

Attractions At Night

해가 지면 퀸 메리 호에 타고 있던 영혼들이 놀러 나온다는 전설이 있어요. 벌써 으슬으슬하죠? 퀸 메리 호에 타고 있는 유령의 과거와 초자연적인 현상을 파헤치는 탐험 투어입니다. 투어의 종류도 다양하다고 하니 짜릿한 공포를 즐기고 싶다면 도전해 보는 것도 좋겠죠?

출처 : www.queenmary.com

저스트 푸드 포 도그
(강아지 전문 유기농 식품점)
(Just Food For Dogs)

Just Food For Dogs

- **주소** 7870 Santa Monica Blvd, West Hollywood, CA 90046
- **전화번호** +1 323-471-4242
- **웹사이트** www.justfoodfordogs.com
- **영업시간** 월~토 10:00~20:00 / 일 10:00~19:00

*방부제를 전혀 넣지 않은 강아지 전용 유기농 식품점
*일반 사료뿐 아니라 다이어트 식품 및 특정 질병이 있는 애완동물을 위한 처방 식품도 있음

샌디와 컬리 가족이 이른 아침부터 달려온 이곳은? 바로 LA 웨스트 할리우드에 위치한 강아지 전용 유기농 식품점입니다. 입구에서부터 맛있는 냄새가 나요!

이곳에서는 각종 채소부터 고기, 생선에 이르기까지 사람도 먹을 수 있는 신선한 재료로만 강아지 음식을 만든다는데요, 매장 내에 오픈 키친이 있어 재료 손질부터 조리 과정까지 다 볼 수가 있어요. 특히 이곳의 음식들은 수의사와 수의학 영양학자의 연구를 바탕으로 만들어진다니, 정말 믿고 먹일 수 있을 것 같네요.

만드는 과정을 직접 볼 수 있을 뿐만 아니라, 강아지 음식의 레시피도 알려 주어요. 집에서도 신선한 재료를 사다가 직접 만들어 볼 수 있게요. 여행 중이라 많은 양을 사기 곤란한 댕댕가족들에게는 반가운 정보죠? 샌디와 컬리는 눈물샘이 약한지 평소 눈물이 많이 나요. 직원에게 고민을 이야기했더니 생선과 고구마로 만든 음식을 추천해 주었어요. 생선과 고구마가 들어간 제품은 소화를 쉽게 도와주고 항염 작용을 해서 강아지들이 눈물 흘리는 것을 줄여줄 수 있다고 하네요.

시식용 간식들을 맛 본 샌디와 컬리는 몸에 좋을 뿐만 아니라 맛도 좋은지 엄청나게 좋아하며 먹더라구요. 추천을 받은 음식을 샀는데, 산 것보다 직원이 챙겨준 시식용 샘플들이 더 많았답니다!

진열대 한쪽에 넉넉하게 마련해 놓은 시식용 간식들

> 나이가 들면서 맛있는 음식을 좋아하는 것뿐만 아니라 건강에 신경을 쓰게 돼요. 근데 내가 건강하게 오래 살고 싶은 것처럼 우리 샌디&컬리도 오래 살아야 한다는 생각이 들었어요. 맛있게 먹고 건강하게요. 강아지 유기농 전문점을 찾는 사람들이 많다는 건, 그런 마음을 가진 사람들이 많다는 이야기 아닐까요?

강아지들이 사료 말고도 건강하고 맛있는 음식을 먹어야 한다고 생각하는 이곳 사람들이 놀라웠어요. 사람들이 자기 건강을 챙기는 것처럼 강아지 건강도 챙긴다는 거죠. LA에 오신다면 꼭 이곳에 들러서 댕댕이들 특별식도 사 먹여 보시구요, 건강 상담도 받아보세요. 우리 댕댕이에게 좋은 음식의 레시피도 배워갈 수 있답니다.

주의할 점! 유기농 음식이라 방부제가 들어가지 않기 때문에, 유통기한이 짧아요. 조금 맛볼 만큼만 사서 얼른 먹이세요. 여행 중 오래 가지고 다니거나 집에 돌아갈 때까지 보관하면 상해버릴 수가 있어요. 아무리 좋은 음식이라도 제대로 보관해 먹이지 않으면 사랑하는 댕댕이가 배가 아플 수 있으니 조심하세요.

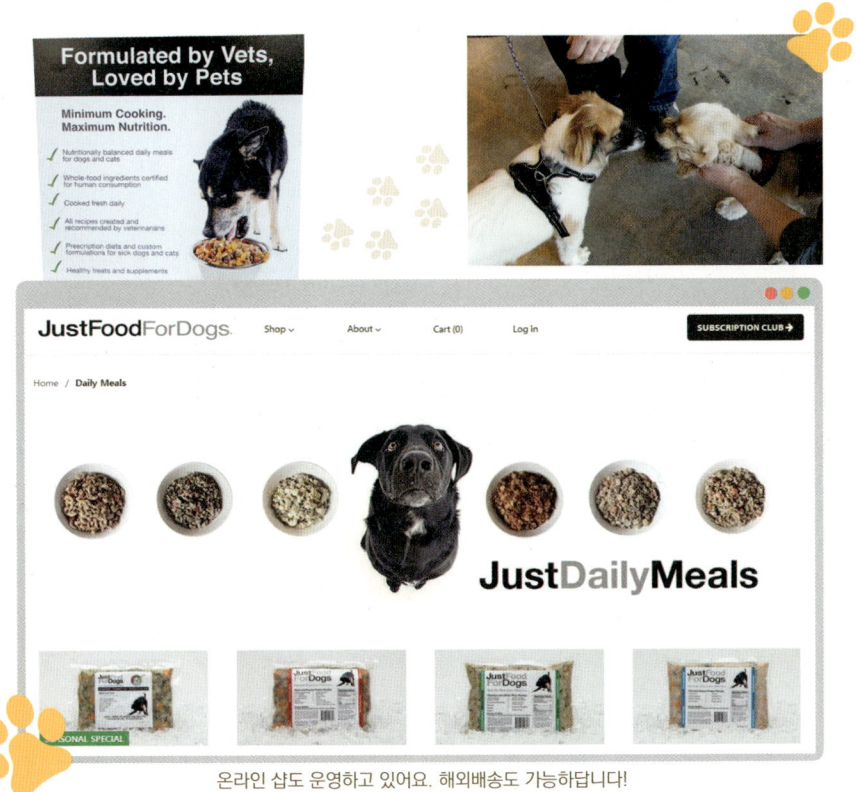

온라인 샵도 운영하고 있어요. 해외배송도 가능하답니다.

도그 베이커리
(The Dog Bakery)

🐾 **The Dog Bakery**

📍 **주소** 6333 W 3rd St #710, Los Angeles, CA 90036 710호

☎ **전화번호** +1 323-935-7512

💻 **웹사이트** www.thedogbakery.com

⏱ **영업시간** 월~금요일 09:00~21:00 / 토 09:00~20:00 / 일 10:00~19:00

*LA의 필수 쇼핑코스 "오리지널 파머스 마켓" 내에 있는 도그 베이커리

미국엔 지역마다 크고 작은 파머스 마켓이 있는데요, 샌디와 컬리 가족이 찾아간 LA 파머스 마켓은 미국 최초로 생긴 파머스 마켓이라네요. 그 지역에서 생산한 싱싱한 식자재를 파는 것은 물론이고, 세계 각국의 음식을 맛볼 수 있는 푸드존이 있어서 장 보는 재미, 먹는 재미 모두 즐길 수 있어요. 아, 무엇보다 가장 좋은 것은 강아지들과 함께 갈 수 있다는 거죠. 이쯤 하니까 마누네 가족이 갔던 포틀랜드의 파머스 마켓이 떠오르시죠? 맞아요. 미국에서는 어느 지역을 가든지 파머스 마켓이 있고, 이 매력적인 시장에서는 강아지를 환영한답니다!

더 오리지널 파머스 마켓

웹사이트 www.farmersmarketla.com

*로스앤젤레스에 있는 야외시장으로 200개 이상의 소규모 상점과 100개 이상의 식당들이 자리잡고 있으며, 독특한 쇼핑 및 양질의 전통적인 서비스를 제공
*세계 각처에서 온 향신료와 야채, 저장 식품 등의 식료품 판매
*강아지와 함께 쇼핑 가능하며 야외 파티오가 있는 식당은 강아지 입장 가능

이 근사한 파머스 마켓 안에 있어 더 특별한 도그 베이커리! 밖에는 The Bakery for dog라고 써 붙여져 있어요. 헛갈리실 수도 있지만 같은 곳이에요.

강아지 생일 케이크를 전문으로 판매하는 곳이라고 합니다. 하지만 생일 케이크 외에도 강아지가 먹을 수 있는 빵과 과자, 파티 액세서리, 장난감 등을 찾아볼 수 있어요.

재미있는 아이템으로 강아지를 위한 맥주가 있다는 이야기를 듣고 기대하며 갔었는데요. 도그 맥주는 맥아 보리로 만든 무알코올, 무탄산 맥주로, 쇠고기 향이 나며 강아지 관절 건강을 위한 글루코사민이 함유돼 있답니다. 아쉽게도 도그 맥주는 품절이라서 사지 못했어요.

그래도 예쁜 강아지용 케이크와 쿠키가 잔뜩 있으니까 샌디와 컬리도 좋아하겠죠? 한번 구경해 보실래요?

1 도그 베이커리의 다양한 강아지 생일 케이크
2 매장에서 판매 중인 강아지용 장난감들
3 댕댕이들이 좋아할 맛있는 간식들

샌디와 컬리가 얼마나 맛있게 먹었는지는 다음 장소에서 알려드릴게요. 따라오세요.

핑크스 핫도그
(Pink's Hotdog)

Pink's Hotdog

- 주소   709 N La Brea Ave, Los Angeles, CA 90038
- 전화번호   +1 323-931-4223
- 웹사이트   www.pinkshollywood.com
- 영업시간   일~목요일 09:30~14:00 / 금~토요일 09:30~15:00

샌디와 컬리가 찾은 식당은 오랜 역사를 가진 LA의 로컬 핫도그 맛집이에요. 수많은 할리우드 스타들도 그 맛을 인정했다고 합니다. 바로 핑크스 핫도그 Pink's Hotdog에요!

1939년에 길거리 가판 장사로 시작해서 지금은 LA 최고의 맛집으로 우뚝 선 할리우드 전설의 맛집이에요. 가게 안에는 이곳을 사랑하는 할리우드 스타들의 사진이 가득 걸려 있답니다. 식사 시간이 아닐 때 가더라도 기본적으로 줄을 서야 할 정도예요. 하지만 만드는 데 오래 걸리는 메뉴가 아닌 만큼 잠시만 기다리면 먹을 수 있지요.
주문 즉시 조리가 시작되구요, 양파에, 버섯에, 고소한 베이컨까지 바싹하게 구워서 촉촉한 빵 위에 듬뿍 올려내면, 이게 바로 LA에서 잘 나간다는 그 핫도그!

그리고 무엇보다 좋은 것은? 야외 테라스에서 강아지와 함께 식사할 수 있다는 거죠. 자 이제 함께 테라스로 향하는 샌디&컬리 가족, 쾌청한 LA 하늘 아래에서 함께하는 점심 식사는 그야말로 꿀맛이죠.

핫도그를 보며 입맛을 다시던 샌디와 컬리는 테라스에 도착하자마자 도그 베이커리에서 사 온 당근 케이크와 쿠키를 먹었어요. 모두 견주들이 그렇겠지만 맛있는 음식을 먹을 때 사랑하는 댕댕이들이 구경만 하는 걸 보면 정말 미안하잖아요. 그래서 뭐라도 조금씩 주게 되는데, 또 사람이 먹는 건 강아지에게 좋지 않은 음식이 많구요.

사료 말고도 이렇게 샌디와 컬리에게 안심하고 먹일 수 있는 음식을 구해 마음껏 먹일 수 있다니 정말 즐거운 경험이었어요.

핑크스 핫도그는 사장님의 성을 딴 이름이에요. 글로리아 핑크 사모님과 리처드 핑크 사장님이 샌디와 컬리의 방문을 기념해 특별한 핫도그를 선물해 주셨답니다. 댕댕가족 여러분이 LA 핑크스 핫도그에 방문하신다면 두 분에게 샌디와 컬리의 안부를 전해주실래요?

밸리 웰스 휴게소
(Valley Wells Safety Rest Area)

Valley Wells Safety Rest Area

주소 Interstate 15, Nipton, CA 92364

전화번호 +1 800-949-4582

*LA에서 라스베이거스로 가는 길에 있는 휴게소

샌디와 컬리는 로스앤젤레스에서의 일정을 마치고 좀 특별한 여행을 시작할 예정이에요. 사막 가운데에 있는 최대 관광 도시 라스베이거스에 가거든요!

로스앤젤레스 여행을 가는 분들은 라스베이거스도 함께 방문하는 경우가 많아요. 자동차로 7시간 정도 걸리니 꽤 멀다고 생각할 수도 있지만, 미국은 땅이 워낙 넓어서 이 정도 거리는 가까운 곳이라고 여기거든요. 그래서 로스앤젤레스에서 출발해 라스베이거스 관광도 하고 오는 코스가 많지요.

하지만 자동차를 오래 타는 것이 사람이나 강아지나 쉽지 않은 건 마찬가지죠. 특히 중간에 산책과 배변을 챙겨줘야 하는 댕댕가족들을 위해 쉬었다 갈 곳을 소개합니다. LA에서 라스베이거스로 가는 15번 고속도로에 위치한 밸리 웰스 휴게소에요.

휴게소 주변에는 캘리포니아 여행을 위한 안내 표지판이 있고 공룡 발자국, 원주민 발자국 등도 전시되어 있어요. 주변은 전부 모하비 국립 보호구역으로 강아지를 산책시키고 배변시키기에 딱 좋아요. 넓은 주차장과 화장실, 샤워실, 자동판매기, 피크닉 테이블 등이 있어 잠시 휴식을 취할 수 있구요. 참, 강아지들을 위한 물도 마련되어 있다고 하네요. 장시간 차를 타야 하는 댕댕가족들, 중간 휴식 잊지 마세요.

차에 계속 타고 있었더니 목말랐는데…
밸리 웰스 휴게소 최고!

레이지 도그
(Lazy Dog Restaurant)

🐾 Lazy Dog Restaurant

- 📍 **주소** 6509 S Las Vegas Blvd, Las Vegas, NV 89119
- ☎ **전화번호** +1 702-941-1920
- 🌐 **웹사이트** www.lazydogrestaurants.com
- ⏱ **영업시간** 월~금 11:00~24:00 / 토~일 9:00~24:00

드디어 도착한 라스베이거스! 첫 번째로 방문하게 될 장소는 라스베이거스 국제공항(정식 명칭은 Las Vegas McCarren International Airport)에서 10분 정도 걸리는 위치의 펫 프렌들리 레스토랑이었어요. 마침 날도 어두워지고 배도 고파진 샌디와 컬리 가족은 발걸음을 재촉했지요.

레이지 도그(Lazy Dog Restaurant)는 계절 재료로 만든 미국 음식을 제공하는 레스토랑이에요. 스테이크, 치킨, 햄버거 등의 다양한 음식과 맥주가 있지요. 그리고 강아지를 위한 메뉴도 있답니다! 레스토랑에 들어서면 강아지들이 비교적 자유롭게 활동할 수 있는 넓은 야외 좌석이 있어요. 오랜 시간 이동으로 지쳤을 샌디와 컬리 가족에게 선물 같은 곳이네요.

반려견 입장이 가능한 곳이라면 필수로 비치해 놓은 반려견 전용 봉투

강아지들이 자유롭게 돌아다닐 수 있는 넓은 야외 테라스

샌디와 컬리는 이곳에서 또 다른 가족인 하비를 만났어요. 솔트레이크시티에 살고 있는 미국 강아지 하비와의 두근두근 첫 만남, 과연 어땠을까요?

컬리는 아직 어린 수컷이라 다른 수컷 강아지를 만나면 조금 경계하는 편이에요. 하비와 컬리의 첫 만남도 긴장이 넘쳤지요. 하지만 세 댕댕이 모두 금세 즐거운 저녁 시간을 보낼 수 있게 되었는데요, 그건 바로 레이지 도그의 세심한 댕댕이 서비스 덕분이었답니다.

샌디, 컬리, 하비에게 각각의 물그릇에 담긴 무료 물을 먼저 갖다 주어 강아지들이 목을 축일 수 있었어요. 세 댕댕이들은 저녁으로 소고기와 닭가슴살, 현미밥으로 만든 강아지 전용 메뉴를 맛있게 먹었습니다.

레이지 도그의 펫 메뉴
소고기와 닭가슴살 현미밥

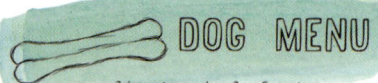

목부터 축이고!

맛있게 냠냠 먹어볼까요?

출처 : www.reviewjournal.com

• 레이지 도그의 메뉴 2
🍽 타이스타일 누들

• 레이지 도그의 메뉴 1
🍽 윤기좔좔 포크립

• 레이지 도그의 메뉴 3
🍽 바삭촉촉 포크스테이크

강아지 메뉴만 소개하면 섭섭하죠! 레이지 도그에는 농부에게 전달받은 재료로 만든 건강하고 맛있는 음식이 가득 있답니다. 각종 식사메뉴에 샐러드, 디저트까지 다양한 메뉴들이 준비되어 있어요. 골라 먹는 재미가 있겠죠? 샌디와 컬리도 대만족했던 친절하고 예쁜 레스토랑 레이지 도그, 잊지 못할 곳이었답니다!

레스토랑 펫티켓

레이지 도그는 캘리포니아주에만 20개가 넘게 있는 아메리칸 체인 레스토랑이에요. 야외 좌석이 있는 곳이면 반려견 동반이 가능하고 펫 메뉴도 제공되죠. 펫 메뉴를 제공하면서 동시에 반려견 동반 식사에 대한 안내도 함께 하고 있어요. 미국 내 반려견 동반 레스토랑의 경우에는 대부분 해당하는 내용이니 참고하세요!

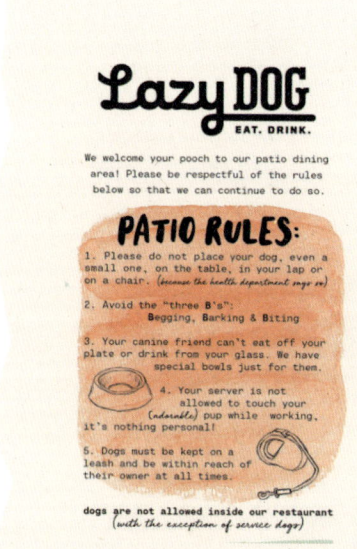

대부분의 경우 강아지는 야외 좌석에 함께 할 수 있어요!

1. 아무리 작은 강아지라 하더라도 테이블이나 의자에 올라가게 하지 마세요.
2. 강아지가 물거나, 짖거나, 두 발로 서게 하지 말아주세요.
3. 사람이 먹는 컵이나 그릇을 강아지에게 사용하지 마세요. 강아지 전용 그릇을 준비해드려요.
4. 직원들이 함부로 강아지를 만지지 않으니 안심하세요.
5. 식당 안에서는 항상 강아지 목줄을 착용해주세요.

1 레이지 도그 인포메이션
2 얌전히 앉아있는 샌디와 컬리

캠핑카 여행(a camping trip)

🐾 El Monte RV(캠핑카 대여점)

- 웹사이트 www.elmonterv.com
- 가격 5~7명이 이용 가능한 사이즈 캠핑카의 경우 하루 평균 150~200$ 소요

* 다양한 종류의 RV를 판매, 렌트해주는 업체
* 미국 전역에 지사를 두고 있으며, 캠핑카를 처음 이용하는 고객들도 쉽게 이용할 수 있도록 캠핑카 교육을 제공함.
* 캠핑카 내 침대와 화장실, 주방 등의 기본 편의시설 구비
* 이불, 수건 등의 편의용품과 주방용품 등은 추가 요금 지불 후 이용 가능

샌디&컬리네 가족이 선택한 여행은 조금 특별한 방식이었어요. 바로 캠핑카 여행!

미국에서는 RV(Recreational Vehicle, 레저용 자동차)라고 불러요. 미국은 캠핑 문화가 발달한 만큼 곳곳에 캠핑카 대여점이 많다는데요. 캠핑카를 빌리기 전, 간단한 사전 교육만 받으면 일반 운전면허증 소지자도 캠핑카를 몰 수 있다네요. 웹사이트를 통해 가까운 지점을 검색해 연락하면 캠핑카를 빌릴 수 있어요.

테이블을 넣고 의자를 내리면 테이블이 침대로 변신해요. 공간 효율성을 잘 살려 낮에는 넓은 활동 공간으로, 밤에는 편한 침실 공간으로 쓸 수 있게 되어있죠.

요리를 할 수 있는 것은 물론이고, 화장실과 샤워실도 갖추고 있어요.

안쪽에는 넓은 2인용 침대가 있는 침실이 있어서, 주행 중에도 편하게 휴식을 취할 수 있어요. 하지만 무엇보다 맘에 들었던 것은, 강아지들이 편하게 돌아다닐 수 있는 넓은 공간이었지요. 보통 자동차 안에서는 강아지들이 자유롭게 돌아다닐 수 없잖아요. 장거리 주행 중에도 강아지들이 각자 편한 곳을 찾아서 쉴 수도 있고, 편안한 자세로 함께 있을 수 있어 사람도 강아지도 대만족인 이동 수단이죠. 캠핑카 트립은 여행지마다 펫 프렌들리 호텔과 식당을 찾아 헤매지 않아도 되는, 어딜 가든 안심이 되는 여행이에요. 그래서 미국에는 반려견과 함께 장기 여행을 캠핑카로 다니는 사람이 많답니다. 아예 캠핑장을 옮겨가며 캠핑카에서 사는 사람도 있어요. 지금부터 샌디&컬리와 함께 캠핑카 트립 구경해 보실래요?

운전석 위의 공간이 이렇게 1인용 침대로 변신한답니다!

언제 출발해요?
빨리 캠핑카 타고 움직이고 싶어요!

서커스 서커스 호텔 캠핑장
(Circus Circus RV Park)

Circus Circus RV Park

📍 **주소** 2880 S Las Vegas Blvd, Las Vegas, NV 89109

☎ **전화번호** +1 800-444-2472

🌐 **웹사이트** www.circuscircus.com/en/hotel/rv-park.htm

라스베이거스 안에 있는 유일한 캠핑장, 서커스 서커스 호텔 바로 옆에 위치한 캠핑장입니다. 170개의 캠핑카가 한 번에 들어갈 수 있을 만큼 넉넉한 공간이구요, 캠핑장 이용객들은 서커스 서커스 호텔의 편의시설을 이용할 수 있어요. 수영장, 온수 욕조, 편의점, 세탁 시설 등의 편의시설이 캠핑장 안에 있답니다. 이것뿐만이 아니에요. 잔디와 테이블은 물론, 강아지 놀이터와 강아지 전용 샤워장도 있어요. 강아지와 함께 산책하거나 놀이터에서 함께 놀고 있는 캠핑족들을 쉽게 찾아볼 수 있었어요. 샌디와 컬리, 하비도 아침 산책을 나왔다가 놀이터에서 신나게 놀았다네요.

이… 이걸 뛰어 넘으라구요…?

강아지 전용 놀이터에는 울타리가 쳐져 있어요. 강아지들이 안에서는 목줄을 풀고 마음껏 뛰어놀 수 있죠.

고든 램지 피시 앤 칩스
(Gordon Ramsay Fish & Chips)

🐾 Gordon Ramsay Fish & Chips

- 📍 **주소** 3545 S Las Vegas Blvd, Las Vegas, NV 89109
- ☎ **전화번호** +1 702-322-0529
- 🌐 **웹사이트** www.caesars.com/linq 로 들어가 PROMENADE 〉 DINING 〉 FISH AND CHIPS 클릭
- ⏰ **영업시간** 월~목 11:00~23:00 / 금 11:00~24:00 / 토 12:00~24:00 / 일 11:00~23:00

영국의 대표 음식인 "피쉬 앤 칩스",
유니언 잭이 걸려있네요!

라스베이거스 도심 한가운데를 강아지와 함께 걷다 보면 어디서 많이 들어본 거 같은 레스토랑을 하나 볼 수 있어요. 더 링크 호텔 1층에 있는 고든 램지 피시 앤 칩스에요.

고든 램지는 전 세계적으로 유명한 영국의 스타 셰프죠. 한국에서도 맥주 광고에 등장하며 얼굴을 알렸어요. 라스베이거스에만 고든 램지의 레스토랑이 5개나 있다고 해요. 고든 램지가 출연했던 TV 프로그램과 동명의 레스토랑인 "헬스 키친"은 6개월 전에 예약해야 할 정도로 가기 힘든 곳이에요. 고든 램지 피시 앤 칩스(Gordon Ramsay Fish & Chips)는 고든 램지의 레스토랑 중에서 비교적 대중적이고 그의 음식을 쉽게 즐겨볼 수 있는 곳이랍니다. 영국의 대표적인 길거리 음식인 피시 앤 칩스(흰살 생선튀김에 감자튀김을 곁들여 먹는 요리)를 비롯해 새우, 치킨, 소시지 등의 다양한 튀김을 판매해요.

출처 www.caesars.com/linq/promenade/dining/fish-and-chips

실내에서는 반려견 동반 식사를 할 수 없지만, 안에서 주문을 해서 나오면 야외 좌석에 앉아서 맛있는 피시 앤 칩스를 즐길 수 있어요. 라스베이거스 거리 한가운데 위치한 데다가 바깥 자리가 있기 때문에 강아지들과 함께 가보시기를 추천해요. 맛도 있고 분위기도 마치 영화의 한 장면 같거든요. 그리고 무엇보다 이곳의 매력은 식사 후 강아지들과 함께 라스베이거스 거리를 구경하는 것이죠!

그랜드 캐니언
(Grand Canyon National Park)

 ① 그랜드 캐니언 캠핑장(Grand Canyon Camper Village)

출처 : www.grandcanyoncampervillage.com

Grand Canyon Camper Village

- 주소 549 Camper Village Ln, Grand Canyon Village, AZ 86023
- 전화번호 +1 928-638-2887
- 웹사이트 www.grandcanyoncampervillage.com

두 번째 캠핑장은 그랜드 캐니언 캠핑장이에요. 그랜드 캐니언 국립공원 입구 남쪽에 위치한 캠핑 구역이죠. 산속 깊은 곳이지만 캠핑에 필요한 모든 시설이 다 구비되어 있어요. 캠프파이어, 피크닉 테이블, 하수도 사용장 등은 물론이고, 캠핑장 옆에는 식료품을 살 수 있는 상점도 있답니다.

샌디&컬리네 가족은 일출을 보러 가기 위해 밤늦게 도착해 가보지는 못했지만, 영화관과 레스토랑, 기념품샵 등의 시설도 가까이에 있다고 하네요. 그랜드 캐니언으로 가는 셔틀버스도 있대요. 인디언 유적지 등의 관광지가 주변에 많아 캠핑뿐만 아니라 그랜드 캐니언 관광을 위한 숙박지로도 그만이죠.

캠핑장 이용 규칙!

1. **Quiet Hours** : 오후 10시부터 다음날 오전 8시까지는 다른 사람들을 위해 조용히!
2. **캠핑카 렌탈 금지** : 캠핑카를 제 3자에게 대여할 수 없어요. 야영장에 있는 모든 손님들은 프런트 데스크에서 체크인해야 합니다.
3. **캠핑카 속도 제한** : 캠핑카는 시속 5마일로 운전해 주세요. 도로 근처에서 놀고 있는 아이들과 다른 댕댕 가족들을 위해 조심해야 해요!

② 그랜드 캐니언의 일출
마더 포인트

Grand Canyon National Park

📍 **주소** Rim Trail, Grand Canyon Village, AZ 86023
📞 **전화번호** +1 928-638-7875
💻 **웹사이트** www.nps.gov/grca/learn/management/cvip09.htm

* 그랜드캐니언 : 로키산맥에서부터 시작한 콜로라도강이 수백만 년의 세월에 걸쳐 고원을 침식해 만든 길이 350km, 폭 6~30km의 거대한 계곡.
* 이 계곡 남쪽의 사우스림에 위치한 마더 포인트는 그랜드 캐니언의 경관 및 일출을 감상하기에 가장 좋은 곳 중 하나

그랜드 캐니언을 찾은 이유는 바로 일출을 보기 위해서였어요. 죽기 전에 꼭 가봐야 할 필수 여행지로 너무나 유명한 그랜드 캐니언 국립공원은 일부 산책로와 공원 셔틀버스를 제외하고 반려견 동반이 가능해요. 다만 목줄은 필수로 항상 하고 있어야 한답니다.

샌디와 컬리도 그랜드 캐니언의 멋진 장관을 감상할 수 있다니, 댕댕이들에게도 경이로운 자연의 아름다움을 느끼게 해주고 싶다면 강력하게 추천합니다!

일출을 보기 위해 샌디와 컬리 가족이 선택한 방법은 투어 상품을 활용하는 것이었어요. 투어 프로그램을 이용하면 전문 가이드의 안내를 받아 그랜드 캐니언과 관련된 정보, 역사를 들을 수 있지요. 사막 관광, 일출&일몰 관광 등 다양한 패키지가 있는데요, 샌디와 컬리의 특별한 경험은 핑크 지프 투어를 통해 이루어졌어요.

Pink Jeep Tours (그랜드 캐니언 핑크집 투어)

☎ 전화번호 +1 800-873-3662

💻 웹사이트 www.pinkadventuretours.com/tours/grand-canyon-tours

💲 가격 성인 99$ / 어린이 90$

핑크 지프 투어의 출발 지점과 시간은 직접 선택할 수 있어요. 해가 뜨는 걸 보려면 깜깜한 새벽에 움직여야 해요. 밤에도 눈에 잘 띄는 예쁜 핑크색 지프를 타고 마더 포인트로 이동합니다. 친절한 가이드 아저씨가 직접 운전을 맡아 안내해 주세요.

출처 : www.pinkadventuretours.com/tours/grand-canyon-tours

그리고 일출을 본 소감은?
이번 여행 최고의 순간이었다고 주저 없이 말할 수 있답니다!

핑크 지프 투어의
다양한 그랜드 캐니언 투어 프로그램

1. **GRAND ENTRANCE** : 그랜드 캐니언을 2시간 동안 살펴보는 짧은 코스! 멋진 경관을 보여 가벼운 산책을 즐기실 분들에게 추천해요.

2. **GRAND ENTRANCE SUNSET** : 샌디와 컬리 가족은 일출을 봤지만 일몰을 감상할 수 있는 투어도 있답니다!

3. **DESERT VIEW** : 사막을 제대로 감상하고 싶다면, 이 투어를 선택하세요. 사우스 림과 함께 콜로라도 강의 가장 멋진 풍경을 볼 수 있습니다.

출처: www.pinkadventuretours.com/tours/grand-canyon-tours

③ 그랜드 캐니언
오리바위 (Duck On A Rock)

🐾 **Duck On A Rock**

📍 주소 Grand Canyon Village, Arizona 86023

*바위 모양이 오리같이 생겨서 지어진 이름
*그랜드캐니언 남쪽에 있는 뷰포인트

일출에 이어 샌디&컬리 가족은 그랜드 캐니언을 조금 더 돌아보았어요. 이곳은 덕 온 어 락, 그랜드 캐니언의 오리바위랍니다. 바위 모양이 오리 같이 생겼다고 해서 오리바위에요. 사우스림 대부분에서는 북쪽의 풍경을 볼 수 있는데, 이곳은 그랜드 캐니언 동쪽 풍경을 감상할 수 있는 뷰 포인트라고 합니다. 새벽 일찍부터 일어나 추웠던 몸을 커피 한잔과 함께 따뜻하게 녹이며 다 같이 대자연의 위대함을 느껴보았지요.

버드하우스 (Bird House)

Bird House

📍 **주소** 707 N Navajo Dr, Page, AZ 86040

📞 **전화번호** +1 928-645-4087

🌐 **웹사이트** www.birdhouseaz.com

⏰ **영업시간** 월~목요일 11:30~21:00 / 금~토요일 11:30~22:00 / 일요일 12:00~20:00

*애리조나주 페이지에 위치한 치킨 전문점

캠핑카 트립이 무르익어 갈수록 강아지들은 더 발랄해졌어요. 이번엔 또 어딜 갈까? 여기는 애리조나주의 페이지라는 작은 도시예요. 조용하고 한적한 마을이지만 세계적으로 유명한 대자연의 볼거리가 주변에 많아 끊임없이 관광객들의 발을 잡아끄는 곳이랍니다. 하지만 아무리 근사한 관광이라도 배부터 채워야 한다는 거 아시죠?

오랜 주행으로 배가 고파진 샌디&컬리네 가족들은 야외 테이블이 있는 식당으로 발걸음을 향했어요. 미국 식당의 야외 테이블에서는 대부분 강아지를 반겨 준다는 것에 익숙해졌거든요. 이곳에서는 펫 메뉴를 따로 제공하지는 않지만 강아지들에게 물그릇을 갖다 주며 물을 마실 수 있게 해 주더라구요. 덕분에 샌디, 컬리, 하비는 시원하게 목을 축였어요. 그런데 이곳의 대표 메뉴는 뭔가요?

출처 : www.birdhouseaz.com/

버드하우스에서는 프라이드치킨, 치킨 버서, 치킨 샐러드 등 다양한 치킨 요리를 맛볼 수 있어요. 넓은 야외 테이블이 있으며, 손님이 다녀간 뒤엔 항상 청소하는 청결한 레스토랑이죠(처음에 들어갔을 때 한쪽에서 의자를 모두 올려놓고 청소를 하는 걸 보고 영업을 안 하는 줄 알았다나요. 그런데 알고 보니 하루에도 몇 번씩 테이블과 바닥 청소를 하는 깔끔이 식당이래요). 무엇보다 바삭한 치킨을 꼭 먹어봐야 하는 애리조나 맛집입니다! 치킨과 곁들여 나오는 와플도 일품이니 잊지 마세요!

1 버드하우스의 야외 테이블 외부 모습
2 버드하우스의 맛있는 프라이드치킨
3 야외 테이블에 가족과 함께 있는 샌디&컬리

방울뱀 계곡
(Rattlesnake Canyon)

Adventurous Antelope Canyon Photo Tours

- **주소** Highway 98 Road & Milepost 302, Page, AZ 86040
- **전화번호** +1 928-380-1874
- **웹사이트** www.navajoantelopecanyon.com/Rattlesnake.asp
- **영업시간** 월~일요일 08:00~17:00
- **가격** 성인 63~217$ / 어린이 30~96$ (코스와 투어 시간에 따라 다름)

애리조나주의 페이지에는 앤털로프 캐니언 Antelope Canyon이라는 곳이 있어요. Canyon은 협곡, 특히 가파른 절벽 사이에 있는 협곡을 뜻하는 단어에요. 그중에서도 이 방울뱀 계곡 Rattlesnake Canyon은 사진작가들이 가장 가보고 싶어 하는 곳 중의 하나인 명소랍니다. 뱀처럼 우뚝 솟아 있고, 좁고 꼬인 통로가 있는 벽이 정말 근사해요. 이곳은 원주민인 나바호족의 사유지로 현지 가이드 없이는 출입이 불가하다고 합니다. 협곡 훼손 방지를 위해 소지품 반입도 제한해요.

투어를 신청하면 제한된 인원으로 가이드가 동행해 투어를 진행합니다. 함께하는 전문 가이드는 계곡의 역사와 지질학적 정보뿐 아니라 최고의 사진을 찍을 수 있는 위치와 카메라 각도, 조명 등을 자세히 설명해 준답니다(핸드폰 기종마다 어떤 옵션으로 찍는 게 멋진 사진이 나오는지까지 알려줘요).

강아지도 함께 투어를 할 수 있다고 해서 온 가족이 모두 투어에 참여했습니다.

투어를 신청하면 우선 차량을 이용해 방울뱀 계곡 근처로 간답니다. 전문 가이드가 운전을 직접 하며 안내를 해주세요.

다 같이 들어가 볼까요?

경사가 가파르기 때문에 벽을 오르내리는 힘이 필요하구요, 계곡 곳곳에 설치된 발판과 사다리를 통해 지형의 변화를 탐색할 수 있어요. 곳곳에 남아있는 암각화는 고대 원주민들의 흔적을 보여주기도 한답니다. 사다리와 발판을 갖다 놓은 것 외에는 자연 그대로의 모습을 간직하고 있어요. 1억 9천만 년이나 된 돌을 보며 자연의 경이로움을 느껴보았지요.

강아지가 함께할 수 있지만 대형견의 경우에는 조금 힘들어 할 수 있어요. 계곡 곳곳을 사다리로 오르내려야 하는 상황이 몇 번 있거든요. 샌디와 컬리, 하비도 처음 몇 번은 힘을 내어 직접 올라갔지만, 나중에는 가족들이 안아 주기도 했어요.

방울뱀 계곡은 생각보다 길지 않은 코스였어요. 들어가서 나오는 데까지 30분 정도면 충분해요. 사람만 가면 어렵지 않은 쉬운 코스이지만, 강아지와 함께라면 아무래도 신경 쓸 부분이 많겠죠? 하지만 그만큼 만족도와 보람이 컸던 장소에요. 쉽고 편하지 않아도 함께 해냈다는 기분을 느낄 수 있으니 활동적인 반려견주라면 추천!

홀스슈 밴드
(Horseshoe Bend)

Horseshoe Bend

주소 Page, Arizona 86040

웹사이트 horseshoebend.com

이 놀라운 풍광의 장소는 로키산맥의 빙하에 의해 깎인 콜로라도강의 거대한 협곡, 홀스슈 밴드에요. 미 서부 여행 중 가장 핫한 플레이스로 사진작가들의 꿈의 장소라고도 하는 곳이죠. 약 300m가 넘는 높이로, 건물 99층의 높이와 비슷하답니다!

홀스슈 밴드 Horseshoe Bend는 강이 굽이지며 돌아가는 모습이 말발굽처럼 생겨 붙여진 이름이랍니다. 아주 오랜 세월 동안 강물의 침식작용으로 형성된 거대한 협곡이 시선을 압도해요.

주차장에서 15분 정도 걸어야 도착하기 때문에 강아지들이 힘들까 싶어 잠깐 망설였지만, 그래도 여기까지 왔으니 도전해 보기로 했어요.

홀스슈 밴드를 향해 걸어가는 길에, 이미 구경을 마치고 돌아오는 미국 댕댕가족을 만났어요. 샌디와 컬리 가족처럼, 서부 여행을 위해 캠핑카를 타고 강아지와 여행 중인 알리와 프레이저네 가족이었어요. 알리&프레이저 아빠는 항상 어디든 강아지와 함께 다니기 때문에 이번에도 당연히 같이 왔다고 하더라구요. 이번 여행에 샌디와 컬리를 데리고 오기 위해 큰 용기를 낸 샌디와 컬리의 가족들은 일상적으로 강아지와 함께 여행을 다니는 미국 사람들이 부러우면서도 생각해보면 별일이 아닌 거라는 용기도 생겼답니다. 이미 샌디, 컬리, 하비도 여기까지 왔잖아요?

그리고 함께 느낀 위대한 자연의 아름다움, 그야말로 만점이었다네요. 조금 힘들게 느껴져도, 끝까지 함께 해냈을 때의 뿌듯함! 샌디와 컬리, 하비도 분명 같은 기분을 느꼈겠죠?

홀스슈 밴드를 찾게 되는 댕댕가족들께 몇 가지 주의사항을 알려드릴게요. 햇빛을 가릴 곳이 없고 걸어야 하는 시간이 좀 되기 때문에, 모자와 선글라스를 챙기세요. 그리고 사람과 강아지 모두 물을 챙기시기를 권해요. 줄을 제대로 안 잡거나 강아지를 놓치거나 하면 위험한 낭떠러지 등이 곳곳에 있어요. 사람도 강아지도 모두 조심해서 가야 한답니다.

분명히 주의를 기울여야 할 것은 있지만, 충분히 그럴 가치가 있는 곳이에요. 강아지와 온 다른 관광객도 계속 눈에 띄었거든요. 댕댕가족들도 한번 도전해 보세요!

페이지 캠핑장
(Lake Powell Campground)

🐾 **Lake Powell Campground**

📍 **주소** 849 Coppermine Rd, Page, AZ 86040 미국

📞 **전화번호** +1 928-645-3374

💻 **웹사이트** www.pagecampground.com

마지막 캠핑장은 앤털로프 캐년과 홀스슈 밴드 근처에 있는 페이지 캠핑장입니다. 정식 명칭은 레이크 파월 캠핑그라운드(Lake Powell Campground)에요. 캠핑장 내에는 매점, 온수 샤워 시설, 화장실, 실내 수영장 및 세탁 시설이 마련돼 있고 근처에는 레스토랑, 월마트 등도 있지요. 한적하면서도 평화로운 분위기에 마음마저 편안해져요. 강아지와 함께 캠핑을 즐기는 캠핑족들이 많이 찾는 장소랍니다.

각 캠핑 구역마다 테이블이 있기 때문에, 따뜻한 햇볕을 받으며 아침 식사를 하기도 좋구요, 밤에는 바비큐 등을 해서 캠핑 분위기를 한껏 내기도 좋아요. 샌디&컬리네 가족도 어두워진 후에는 삼겹살에 부대찌개까지 해먹으며 캠핑카 여행의 마지막 밤을 한껏 즐겼답니다! 샌디와 컬리, 하비요? 당연히 신나게 뛰어놀며 즐거운 시간을 보냈지요.

빅 존스 텍사스 비비큐
(Big John's Texas BBQ)

Big John's Texas BBQ

- 주소 153 S Lake Powell Blvd, Page, AZ 86040
- 전화번호 +1 928-645-3300
- 웹사이트 bigjohnstexasbbq.com
- 영업시간 월~금 11:00~21:00

페이지에서 절대 빼먹으면 안 되는 맛집을 하나 소개해 드릴게요! 페이지 캠핑장에서 차로 4분 정도 떨어진 곳에 있어요. 주유소를 개장해 만든 식당으로 야외 테라스에서는 강아지와 함께 식사가 가능한 펫 프렌들리 레스토랑이에요. 식사를 주문하고 기다리는 동안 지루하지 않게 까먹을 수 있는 무제한 땅콩을 제공합니다(근데 이 땅콩이 또 그렇게 맛있어요! 처음에는 땅콩 맛집인가 할 정도예요).

빅 존스 텍사스 비비큐에는 숯불 BBQ와 훈제 치킨, 감자 샐러드, 머핀 등 다양한 콤보 메뉴가 있어요. 저녁 시간에는 야외 테라스에서 열리는 라이브 민속 음악과 밴드 공연을 관람할 수도 있다고 해요.

샌디와 컬리, 하비를 보자 직원들은 물과 강아지를 위한 소뼈를 갖다 주었어요. 강아지들을 위한 배려도 최고였지만, 이어서 나온 바비큐를 먹으며 온 가족이 정말 기분이 좋아졌답니다. 여행안내 책자에 나오는 맛집이라더니 정말 맛있었거든요. 강아지도 사람도 배부르고 기분 좋아지는 이곳, 빅 존스 텍사스 비비큐입니다!

메모리 그로브 파크
(Memory Grove Park)

🐾 Memory Grove Park

📍 **주소** 300 Canyon Rd, Salt Lake City, UT 84103

📞 **전화번호** +1 801-972-7800

✉ **웹사이트** www.visitsaltlake.com/listing/memory-grove-park/55148/

* 솔트레이크시티 국회의사당 옆에 있는 공원으로 1차 세계대전 참전 용사들을 기리기 위해 세워졌으며 호수, 산책로 등이 있다.
* 펫 프렌들리 공원으로 개 목줄 없이 다닐 수 있는 오프리쉬 구역도 있음.
* 17:00~19:00에는 퇴근 후 강아지와 산책하는 애견인들로 붐빈다.

애리조나를 거쳐 샌디&컬리 가족이 도착한 곳은 솔트레이크시티예요. 이곳은 미국 유타주의 주도로 우리에게는 동계올림픽 개최지로 귀에 익은 도시죠? 즐거웠던 캠핑카 트립은 이곳에서 마치고 하비네 집에서 하루를 머물렀어요. 저녁에는 미국에 있는 다른 가족들과 다 함께 모여서 시간을 보내기로 했거든요.

아침에 일어나자마자 들뜬 댕댕이들을 위해 형아들은 집 근처 공원으로 향했어요. 이곳은 시민들이 이용하는 도심 속 공원인데요, 정말 예쁘고 평화롭답니다. 오프리쉬 구역도 있지만, 공원 전체에서 댕댕가족들을 만날 수 있었어요. 아침저녁으로 반려견과 산책하는 주민들의 발길이 끊이지 않는다네요. 강아지들이 공놀이도 하고 물가에서 물놀이도 할 수 있는 곳이에요.

솔트레이크시티의 첫날을 이런 곳에서 시작하게 된 샌디와 컬리, 무척 즐거워 보이죠? 참, 하비는 자기 집에 와서 그런지 계속 샌디와 컬리에게 자랑을 하고 싶은 눈치였대요. 평소보다 더 신이 나 보였다나요.

우리 동네 완전 좋죠?

펫 스마트 (Pet Smart)

Pet Smart

- 주소 389 West 1830 S Salt Lake City, UT 84115
- 전화번호 +1 801 466 0313
- 웹사이트 www.petsmart.com
- 영업시간 월~토 9:00~21:00 / 일 10:00~19:00

* 미국 전역에서 도시마다 찾아볼 수 있는 체인 펫샵
* 애완동물 사료, 용품 등을 합리적인 가격대에 판매
* 펫 스마트 본사는 펫 호텔과 미용, 데이 캠프, 훈련, 병원을 함께 운영하며, 자선 단체와 함께 강아지 입양, 구조에 도움을 주고 있다.

반려견이 많고 반려 문화가 발달한 나라이니만큼, 미국에는 펫 전용 대형 마트 체인이 여러 개 있어요. 그중 한 곳인 펫 스마트를 소개해 드릴게요. 솔트레이크시티를 방문한 샌디와 컬리 가족이 이곳을 궁금해 했거든요.

펫 스마트는 미국 전역에 1,800여 개의 지점이 있는 대형 체인 마트에요. 당연히 댕댕이와 함께 들어갈 수 있구요, 정말 다양한 사료와 간식, 반려견 용품 등을 팔고 있으니 미국 여행 중 매장이 보인다면 한번 들러서 구경해 보세요.

솔트레이크시티 동물병원
(Family Pet Hospital)

Family Pet Hospital

- **주소** 448 N 1600 W, Mapleton, UT 84664 미국
- **전화번호** +1 801-489-6369
- **웹사이트** fphmapleton.com
- **영업시간** 월~금 07:30~16:00 / 토, 일 휴무

*애완동물과 관련된 기본적인 내과, 외과 서비스를 포함해 치과 치료, 레이저 요법, 마이크로 칩 이식, 영양 상담 등을 함께 받을 수 있다.
*노견 케어 및 데일리 케어 미용 서비스도 함께 운영 중.

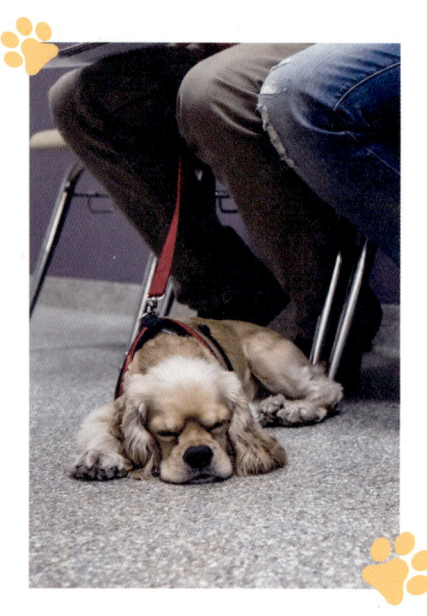

솔트레이크시티에 도착한 컬리가 아팠어요. 밤새 토하고 컨디션이 안 좋아서 가족들 모두 컬리가 걱정되어 한숨도 못 잤답니다. 다음 날 아침 급하게 인근 동물병원을 찾아갔어요.

동물병원에서는 꼼꼼하게 진료를 해 주었어요. 다행히 살짝 배탈이 난 것으로, 진료 후 약을 처방받아 먹고 금세 좋아졌어요. 얼마나 걱정했는지 몰라요.

여행 중 병이 나면 사람도 무척 당황스럽죠. 댕댕이의 경우는 더 할 거예요. 그렇지만 해외에서 반려견이 아파도 당황하지 말고, 바로 인근의 동물병원을 검색해 보세요(배탈이 난 컬리의 진료 비용은 3일 치 약과 식단을 포함해서 약 15만 원 정도가 나왔어요. 한국과 비교했을 때 생각보다 엄청나게 비용이 많이 드는 것은 아니에요). 이미 여행을 떠나기 전 기본적인 건강 검진을 통해 건강하다는 판정을 받고 왔잖아요? 반려견을 안심시켜 준 후 차분히 증상을 설명하고 진료를 받는다면 충분히 남은 여행도 즐겁게 함께 하실 수 있답니다.

건강해진 컬리와 안심한 가족들은 여행의 마지막을 멋지게 마무리할 수 있었다네요!

제작진 이야기

우리가 반려견과의 해외여행을 프로그램으로 제작하기로 했을 때 가장 먼저 그리고 가장 많은 부분을 차지하는 걱정은 바로 비행기 타기에 관한 것이었다. 하지만 결론적으로, 케이지 훈련만 잘 되어있다면 생각보다 큰 문제가 아닌 것을 알게 되었다. 여행 전 긴 시간을 두고 한 달 전, 3주 전, 2주 전, 1주 전… 이렇게 단계별로 케이지에서 자는 습관을 들이는 것이 행복한 여행의 반 이상을 보장한다.

반려견에게 있어 행복을 좌우하는 가장 큰 요소는 주인과 함께 있는가, 그렇지 않은가 이다. 많은 부분에 있어 사람과 반려견이 마찬가지라고 생각하기 쉬운데, 이 부분은 확실히 사람과 다르다. 주인과 함께 있다면 반려견에게는 주위 환경이 달라지는 것이 큰 스트레스가 아니다. 사람이 여행을 다니면서 환경이 바뀌어 스트레스를 받을 수 있는 것처럼 반려견도 마찬가지라고 생각하겠지만, 그건 사실이 아니다. 반려견은 "익숙한 환경에서 주인과 분리되어 시간을 보내는 것"보다 "낯선 환경에서 주인과 함께 있는 것"에 훨씬 더 행복감을 느낀다. 우리는 여행을 하며 다양한 장소를 가고 새로운 체험을 하는 것이 반려견에게 행복한 경험을 주는 것이라고 생각했다. 그러나 실제 반려견 동반 여행을 세 차례(마누, 로미, 샌디&컬리) 각각 해보고 나니 정확한 의미를 새로 깨달았다. 반려견은 "여행을 떠남"으로써 일상에서 늘 견뎌야 했던 주인과의 분리 시간(주인의 외출, 업무, 등) 없이 온전히 하루 온 종일을 "함께 할 수 있었기 때문"에 행복했던 것이다.

따라서 대부분의 장소와 체험이 "개를 위한 곳"이 아니라 "개도 함께 할 수 있는" 곳이었다. 개를 위해 특별한 경험을 찾아가는 것보다, 사람이 해서 즐거운 모든 일들을 반려견과 함께 하는 것이 가능했던 곳이 미국이었다.

본 프로그램을 계기로 반려견과의 해외여행을 다녀온 모든 출연자들은 하나같이 입을 모아 또 가고 싶다고 말한다. 반려견에게도, 견주에게도 잊지 못할 추억이었고 행복한 시간이었기 때문일 것이다. 아직도 반려견과의 여행을 망설이는 분들에게 자신 있게 말한다. 떠나는 그곳이 어디라도, 일상을 떠나 온전히 함께 할 수 있는 특별한 시간을 보내고 온다면 절대 후회하지 않을 것이라고 말이다.

2019년 봄,
펫츠고! 댕댕트립 제작진 일동